Claudia Schulte

Mit dem KRAFT-Prinzip
in fünf Schritten zu Glück und Erfolg

Claudia Schulte

Mit dem
KRAFT-
Prinzip
in fünf Schritten
zu Glück und Erfolg

GOLDEGG

Umschlaggestaltung: Danni Wiebelhaus, danniwiebelhaus.de
Umschlagrechte Foto: AdobeStock #258960225, Login
Bildrechte Autorenfoto: Simone Naumann

Editorische Bemerkung: Aus Gründen der besseren Lesbarkeit wird in diesem Buch bei Personenbezeichnungen und personenbezogenen Hauptwörtern die männliche Form verwendet. Entsprechende Begriffe gelten im Sinn der Gleichbehandlung grundsätzlich für alle Geschlechter. Die verkürzte Sprachform hat nur redaktionelle Gründe und beinhaltet keine Wertung.

Alle Rechte, insbesondere das Recht der Vervielfältigung und Verbreitung sowie der Übersetzung, vorbehalten. Kein Teil des Werks darf in irgendeiner Form (durch Fotokopie, Mikrofilm oder ein anderes Verfahren) ohne schriftliche Genehmigung des Verlags reproduziert werden oder unter Verwendung elektronischer Systeme gespeichert, verarbeitet, vervielfältigt oder verbreitet werden.

Die Autoren und der Verlag haben dieses Werk mit höchster Sorgfalt erstellt. Dennoch ist eine Haftung des Verlags oder der Autoren ausgeschlossen. Die im Buch wiedergegebenen Aussagen spiegeln die Meinung der Autoren wider und müssen nicht zwingend mit den Ansichten des Verlags übereinstimmen.

Der Verlag und seine Autoren sind für Reaktionen, Hinweise oder Meinungen dankbar. Bitte wenden Sie sich diesbezüglich an verlag@goldegg-verlag.com.

Der Goldegg Verlag achtet bei seinen Büchern und Magazinen auf nachhaltiges Produzieren. Goldegg Bücher sind umweltfreundlich produziert und orientieren sich in Materialien, Herstellungsorten, Arbeitsbedingungen und Produktionsformen an den Bedürfnissen von Gesellschaft und Umwelt.

ISBN: 978-3-99060-294-2

© 2022 Goldegg Verlag GmbH
Unter den Linden 21 • D-10117 Berlin
Telefon: +49 800 505 43 76-0

Goldegg Verlag GmbH, Österreich
Mommsengasse 4/2 • A-1040 Wien
Telefon: +43 1 505 43 76-0

E-Mail: office@goldegg-verlag.com
www.goldegg-verlag.com

Layout, Satz und Herstellung: Goldegg Verlag GmbH, Wien
Printed in the EU

Warnhinweis

Sollten Sie, lieber Leser, den im Buch beschriebenen Weg gehen wollen und gesundheitliche Probleme haben, so ersetzen die Übungen und Anleitungen keinen Arzt, Therapeuten oder die Einnahme von Medikamenten. Bitte entscheiden Sie eigenverantwortlich, ob und wann Sie medizinische Hilfe in Anspruch nehmen. Autorin und Verlag übernehmen keine Haftung für vermeintliche oder tatsächliche Schäden, die sich aus dem Gebrauch der in diesem Buch angeführten Inhalte ergeben.

Inhaltsverzeichnis

VORWORT von Hermann Scherer 11
Was dich im Mindset-Buch erwartet 13
Einführung 16

Kapitel 1
Das KRAFT-Prinzip

1.1 Kompetenz: Wie du ein selbstbestimmtes Leben führst 21
Weißt du, was alles in dir steckt? 22
Jeder Mensch hat Stärken und Schwächen 25
Die Macht deiner »Inneren Kompetenz« 27
Aufmerksam und frei durch den Alltag 31

1.2 Reflexion: Wie du mehr Handlungsspielraum gewinnst 34
Veränderung beginnt immer bei dir selbst 35
Entdeckungsreise nach innen 37
Schaffe dir Zeitfenster für deine Selbstreflexion 38
Selbstbetrug vermeiden – blinde Flecken erkennen 40
Bewusste Selbstwahrnehmung im Jetzt 43
Dein »Innerer Beobachter« als Freund 48
Dein »Innerer Beobachter« im Alltag 49

1.3 Ausrichtung: Wie du Veränderungen bewirkst, die du dir wünschst 54
Alles ist in steter Bewegung 55
Veränderung geschieht immer im Jetzt 58
Annehmen, was ist – Der Schlüssel zur Veränderung 60
Richte dich auf deine Ziele aus 62
Einen inneren Leuchtturm erschaffen 64
Mangel oder Fülle – Du hast die Wahl! 67

1.4 Fokus: Wie du gelassen und konzentriert ans Ziel
gelangst 70
Fokussierte Aufmerksamkeit als Erfolgsfaktor 71
Konzentrationsfähigkeit ist erlernbar 74
Konzentration statt Verzettelung 76
Fokussiere dich auf deine Ziele 79
Ein scheinbarer Widerspruch 83

1.5 Tatkraft: Wie du in die Umsetzung deiner Vorhaben
kommst 87
Freude am Tun 87
Motivation – Die wichtige Frage nach deinem Warum 89
Eine gute Strategie als Basis für deinen Erfolgsweg ... 94
Wenn du dein Ziel einmal nicht erreichst 98
Regelmäßiges Üben ist alles 101
Magie der Zeit 103

Kapitel 2
Natürliche Kräfte zur Stärkung
deiner inneren Kompetenz

2.1 Die Kraft des Atems 107
Warum dich bewusstes Atmen stark macht 108
Der Atem als Träger der Lebenskraft 110
Gewinne mehr Stärke mit nur wenig Zeitaufwand ... 112
Sei immer öfter Zeuge deiner Atmung 112
*Atem verbindet deinen Körper und Geist zu einer
Einheit* 113
Was bewusstes Atmen in deinem Alltag bewirkt 115
Die Kraft des Atems – Übungsteil 116
*Übungsteil für Fortgeschrittene: Atem & Imagination
verbinden – Das kosmische Kreuz* 123

2.2 Die Kraft der Intuition 126
Was bedeutet eigentlich Intuition? 127

Intuition und die Kraft der Gegenwart 128
Wie du Raum für Eingebungen und Ideen schaffst ... 129
Was deiner Intuition die Kraft raubt 131
Was deiner Intuition Nahrung gibt 132
Im Alltag Intuition und Inspiration verbinden 134
Die Kraft der Stille in dir 135
Die Kraft der Intuition – Übungsteil 136

2.3 Die Kraft des Herzens 139
Die Intelligenz des Herzens 141
Jeder kann sich mit seinem Herzen verbinden 144
Die hohe Kunst des Fühlens 147
Wie du mit dem Herzen deine Wirklichkeit erschaffst 150
Die Kraft des Herzens – Übungsteil 152

2.4 Die Kraft der Imagination 156
Lebe schöpferisch aus deinen inneren Bildern 160
Wie du deine Vorstellungskraft richtig einsetzt 161
Deine Selbsterlaubnis, groß zu träumen 162
Was Visualisierung und Imagination unterscheidet ... 165
Die Kraft der Imagination – Übungsteil 166

2.5 Die Kraft des Wortes 172
Dein bewusster Umgang mit Worten 174
Klangfarben und Farbtöne 177
Die Magie von Wort und Klang 179
Wie du Zeitlosigkeit im Hier und Jetzt erfährst 180
Kraftformeln im Alltag 181
Die Kraft des Wortes – Übungsteil 182
Drei Wege zu deiner persönlichen Kraftformel 184
Übungsteil für Fortgeschrittene: Fünf natürliche Kräfte verbinden – Rituale als Kraftspender im Alltag 191
Auch du bist ein Schöpfer! 197

Dank 198
Literatur 199
Anmerkungen 200

VORWORT
von Hermann Scherer

Die täglichen Aufgaben und die nicht enden wollende Flut an Informationen zu meistern, ist eine Herausforderung, der sich jeder von uns stellen muss. Ob wir wollen oder nicht. Die digitalen Medien haben ihren festen Platz in unserem Leben erobert. Im Smartphone in der Hosentasche oder im Laptop auf dem Schreibtisch sind sie dauerpräsent. Gnadenlos. *News* und *Facts* brechen minütlich über uns herein. Wie schwer ist es, sich dem zu entziehen? Der Raum der von außen dargebotenen Möglichkeiten ist kaum fassbar und verwirrend. Vieles ist mehr Schein als Sein. Die Erwartungen der Menschen im Umfeld, im Business und nicht zuletzt die Regeln der Gesellschaft kommen hinzu. Mit alledem umzugehen und seine eigenen Prioritäten zu setzen – nicht einfach! Der eine schafft es, der andere weniger. Der eine reitet damit auf der Welle zum Erfolg, der andere geht in der Wucht unter.

Wie gut, wenn man einen Plan hat. Eine persönliche Strategie. Wirkungsvolles Selbstmanagement. Ohne das ist es kaum möglich, dauerhaft im Dschungel der Herausforderungen zu überleben oder gar erfolgreich und glücklich den eigenen Weg zu finden. Die Autorin Claudia Schulte liefert diesen Plan: Er ist einfach, auch in stressigen Zeiten schnell umsetzbar und zeichnet sich durch eine gewisse Leichtigkeit aus. Wie gut, denn Schwere gibt es genug. Sie unterbreitet den LeserInnen ihres Buches »Mit dem KRAFT-Prinzip in fünf Schritten zu Glück und Erfolg« eine Strategie, besser gesagt, einen Kompass der sicher durch das Leben navigiert. Eine klare, detaillierte Wegbeschreibung, die auf unvergleichliche Art zeigt, worauf es ankommt.

Ihr Kompass heißt »KRAFT-Prinzip«. Auf liebevolle, fast magische Weise führt sie ihre LeserInnen durch den eigenen Prozess – mit dem Ziel, Schritt für Schritt Klarheit zu gewinnen. Wer sich und seine Herausforderungen mit tiefer Wertschätzung und Selbstliebe zu managen vermag, hat das Ruder seines Lebens immer selbst in der Hand. Das zu schaffen ist eine große Leistung! Mit dem KRAFT-Prinzip aber einfach.

Sie beschreibt jeden der zu gehenden Schritte genau. Mit den Übungen, die dazugehören, können LeserInnen ihre Erkenntnisse festigen und sie mit großartigen Aha-Effekten im eigenen System implementieren. Spielerisch einfach. Wunderbar leicht. Die Autorin zeigt genau, worauf es ankommt, um sich ein tragfähiges Fundament für ein selbstbestimmtes, erfolgreiches und glückliches Leben zu schaffen.

Wer das KRAFT-Prinzip für sich entdeckt und verinnerlicht, also diesen Lebenskompass versteht und ihn in jeder Situation anwendet, wird sich auf den Pfaden des Lebens garantiert nicht mehr verirren. Der Kompass zeigt sofort, wo es langgeht, wo Norden, Süden, Osten oder Westen ist. Egal, wo man steht.

Das KRAFT-Prinzip ist einfach, leicht nachvollziehbar und sofort für jedermann umsetzbar. Die Autorin hat es aus der Summe ihrer Lebenserfahrungen und ihrem jahrzehntelangen Engagement als Bewusstseinsentwicklerin und Business Coach selbst geschaffen. Mit ihrer Vision möchte sie ihren LeserInnen Umwege und Irrläufe ersparen und ihnen in jedem Moment des Lebens Sicherheit und Klarheit übers eigene Handeln ermöglichen. Zwischen den Zeilen schwingt diese beachtliche Lebens- und Beratungserfahrung mit. Ich habe das Buch mit Begeisterung gelesen und selbst vor den intensiven Übungen nicht haltgemacht. Das Buch ist wunderbar, ich kann es Ihnen, liebe Leserinnen und Leser, von Herzen empfehlen.

Ihr Hermann Scherer

Was dich im **Mindset-Buch** erwartet

In diesem Buch geht es um Kraftquellen, die in dir verborgen sind. Du verfügst über ureigene Ressourcen, die dich innerlich frei und stark machen, und kannst sie durch achtsame Selbstwahrnehmung zur Entfaltung bringen. Ich zeige dir, wie du mit weniger Kraftaufwand mehr Erfolg hast und in deinem Lebensalltag ein gesunder, stabiler und zufriedener Zustand einkehrt. Beim Lesen begegnest du meinem Erfahrungsschatz der letzten Jahrzehnte auf körperlicher, geistiger und seelischer Ebene. Ich möchte dir nahebringen, dass du dein Leben so gestalten kannst, wie du es dir tief in deinem Herzen wünschst. Das KRAFT-Prinzip habe ich Schritt für Schritt in mir selbst entdeckt und wiederholt umgesetzt. Deshalb kann ich dir Mut machen: Es funktioniert! Worauf es dabei ankommt, ist deine Bereitschaft, Neues nicht nur zuzulassen, sondern es in deinem Leben aktiv anzuwenden. Ich lade dich herzlich dazu ein, dich mit deinem Mindset vertraut zu machen und das Spiel der Kräfte zu nutzen! Ohne dein stetes Tun geht es nicht. Jeder von uns hat das Zeug, der Schöpfer seines Lebens zu sein. Du hast es selbst in der Hand.

Was hast du nun konkret vom Lesen dieser Seiten? Du erfährst:

- wie du erfolgreich von A nach B gelangst und deine Ziele erreichst.
- wie du durch Selbstfürsorge ein harmonisches, friedvolles Lebensumfeld wahrst.
- wie du den Grundstein für positive und fruchtbare Beziehungen legst.

- wie du eine charismatische Persönlichkeit wirst, die ihre Mitmenschen anzieht.
- wie du an Ausdruckskraft gewinnst und deine natürliche Autorität zum Wachsen bringst.
- wie du einen Ruhepol in dir selbst erschaffst, aus dem du jederzeit schöpfen kannst.
- wie du Mitgestalter deiner Wirklichkeit wirst und die gewünschten Resultate erzielst.

Ich bin Unternehmertochter, war schon immer selbstständig tätig und durch den Verlust meiner alkoholkranken Mutter sehr früh auf mich gestellt. Das menschliche Bewusstsein und seine Möglichkeiten faszinieren mich seit über 35 Jahren, lange bevor das Thema Achtsamkeit in unserer Gesellschaft anerkannt war. Mit Anwendung des KRAFT-Prinzips und mit Entfaltung der fünf natürlichen Kräfte, über die ich in diesem Buch schreibe, ist es mir gelungen, persönliche Krisen zu überwinden, aus dem Gesellschaftssystem aus- und wieder einzusteigen, dabei Schöpferkraft und ein tiefes Verständnis für meine Mitmenschen zu entwickeln und mein von Grenzgängen gezeichnetes Leben – trotz aller Tiefschläge und Krisen – immer wieder zum Erfolg zu führen.

Natürlich liefere ich kein Patentrezept, das sich für jeden Menschen gleichermaßen eignet, doch als Expertin für Marketing & Mindset arbeite ich seit Jahren mit dem KRAFT-Prinzip. Ich teile mein Wissen im 1:1 Business Coaching, in Interviews und Workshops, bei Online-Kongressen oder in Vorträgen, und konnte bereits vielen Menschen damit helfen. In diesem Buch zeige ich eine Vielfalt an Übungen, Methoden und Lösungen auf, in der Hoffnung, dass für alle LeserInnen Hilfreiches dabei ist, auch für dich! Ich wünsche mir sehr, dass ich dir Mut machen kann, an dich selbst zu glauben und den nächsten Schritt in eine positive Richtung zu gehen. Die Veränderung beginnt in dir. Machen wir uns gemeinsam auf den Weg, dein Inneres zu erforschen. Ich begleite dich auf der Entdeckungsreise zu dir selbst und halte Antworten auf viele deiner Fragen bereit.

Von Herzen
CLAUDIA SCHULTE

EINFÜHRUNG

Das KRAFT-Prinzip zeigt dir einen vielfach erprobten Weg, um in fünf praxisnahen Schritten von A nach B zu gelangen. Was auch immer dein B sein mag – eine Verhaltensänderung, ein kurzfristiges Ziel, ein lang gehegter Wunsch oder die Verwirklichung deiner Lebensvision –, wenn du diese fünf Schritte konsequent gehst, ist dein Erfolg sozusagen »vorprogrammiert«.

Im Mittelpunkt steht das Zusammenspiel deiner bewussten Wahrnehmung mit fünf natürlichen Kräften, die dich innerlich autonom machen. Sobald deine »Innere Kompetenz« und dein »Innerer Beobachter« im Hier und Jetzt zur Entfaltung kommen, weisen sie den Königsweg zum Ziel. Arbeiten sie Hand in Hand, so bist du in der Lage, dich klar auf deinen Veränderungsprozess auszurichten und ihn mit fokussierter Aufmerksamkeit und zielführenden Handlungen zu verwirklichen.

Somit stellt das KRAFT-Prinzip einen Lernprozess dar, dessen einzelne Entwicklungsschritte aufeinander aufbauen und voneinander abhängen. Wenn du vorhast, dein B tatsächlich zu erreichen, ist es wichtig, dass du die Reihenfolge der Kapitel einhältst.

Alle fünf Kapitel des KRAFT-Prinzips führen von allgemeinen Betrachtungen zum Besonderen. Die einleitenden Worte dienen deiner inhaltlichen Orientierung. Falls du dich nicht auf Anhieb von jedem Thema angesprochen fühlst, hast du so die Möglichkeit, einen Teilbereich herauszugreifen und dich näher damit zu befassen, bis du Lust bekommst, dich dem nächsten Lernschritt zuzuwenden. Mit jedem Kapitel, dessen Inhalt du in deinen Alltag integrierst, wird sich dein Leben auf eine wünschenswerte Weise verändern. Um deinen Erfolgsweg von A nach B zu meistern, solltest du dich jedoch mit allen fünf Themen gleichermaßen auseinandergesetzt haben.

Diese Vorgehensweise bietet sich auch für den zweiten Teil des Buches an, der aus einem vielfältigen Übungsteil zur Stärkung deiner »Inneren Kompetenz« besteht. Bereits *eine* der fünf Kräfte zu entfalten und im Alltag bewusst anzuwenden bedeutet einen großen Gewinn, zum Beispiel die Kraft deines Atems.

Wenn du von der Wirksamkeit deiner natürlichen Kräfte überzeugt bist, kannst du dich nach und nach allen Übungen zuwenden und sie trainieren. Im zweiten Buchteil kann die Reihenfolge der Kapitel variieren. Finde zwei bis drei Übungen deiner Wahl, die du über einen Zeitraum von mehreren Wochen täglich anwendest.

Die Regelmäßigkeit deines freudvollen Tuns bringt dich weiter als ein zeitaufwendiges Übungsprogramm, das sich auf Dauer nur schwer durchführen lässt. Mit der Aktivierung aller fünf Kräfte entfaltet sich natürlicherweise deine Schöpferkraft. Du wirst mehr und mehr in der Lage sein, dein Leben nach deinem Wunsch zu gestalten, bis du die Kunst der Manifestation vollständig erlernt hast.

Viele der Übungen, die du im vorliegenden Buch findest, basieren auf den Grundprinzipien des kosmischen Kreuzes und eignen sich gut, um dich mit wenig Zeitaufwand innerlich aufzurichten, im Gleichgewicht zu halten und vor Einseitigkeit zu bewahren. Das kannst du erreichen, indem du immer wieder deinen »Inneren Beobachter« aktivierst, dessen Bekanntschaft du bereits im zweiten Kapitel machen wirst.

Wenn du aufrecht stehst und deine Arme ausbreitest, erreichst du deine größte Spannweite. So bildet dein Körper eine senkrechte und eine waagrechte Achse, die sich auf Schulterhöhe kreuzen. In der Vertikalen richtest du dich zwischen Himmel und Erde auf, wie ein Baum, der seine

Wurzeln tief in die Erde senkt und seine Äste himmelwärts streckt. In der Horizontalen hältst du die Balance zwischen deiner rechten und linken Körperhälfte, dem männlichen und weiblichen Pol. Die Schnittstelle der beiden Achsen, die ein stehendes Kreuz bilden, liegt im Herzbereich und bildet einen Ort zentrierter innerer Kraft.

Wenn du zu selten den Gegenpol einlädst, weil du auf ein »Entweder-oder« fixiert bist, wenn du zu stark das männliche oder das weibliche Prinzip lebst, wenn du zu sehr geerdet bist oder dich zu oft in geistigen, luftigen Sphären bewegst, dich zu sehr an der Vergangenheit oder Zukunft orientierst, zu sehr an Logik oder Intuition, zu sehr am Klaren und Einleuchtenden oder am Fantasievollen und Faszinierenden, dann gerätst du aus der Balance. Deine Standfestigkeit gerät ins Wanken, du wirst instabil und verlierst den Kontakt zu dir selbst.

Nur wenn du in wohlwollender Beziehung und Kommunikation mit dir bist, wenn du deine Bedürfnisse wahrnimmst und für dein Wohlsein sorgst, befindest du dich in einem harmonischen Grundzustand. Mit dem »Sowohl-als-auch«, dem du beim Lesen dieses Buches öfter begegnen wirst, bist du im Frieden mit dir selbst und der Welt.

Du kannst immer wieder nach innen lauschen und lernen, im Hier und Jetzt liebevoll mit dir zu sein. So ausgerüstet kannst du dich ins Außen wagen, um aus der Verbundenheit mit dir selbst in den Kontakt und Dialog mit anderen Menschen zu treten. Wenn du gelernt hast, deinen Atem zu spüren, deine körperliche wie seelische Befindlichkeit wahrzunehmen und dich mit effektiven Übungen zu stärken, bist du in der Lage, auch mit deinen Mitmenschen achtsam und empathisch umzugehen.

Mein Motto lautet: Wer Zugang zu seiner inneren Kraft hat, kann alles erreichen! In der Anbindung zwischen Himmel und Erde – deine männliche und weibliche Seite in Balance – kannst du das Spiel der Kräfte freudvoll erleben und wirst zum Schöpfer deiner Wirklichkeit: präsent, standfest und souverän.

Bewusste Selbstführung und innere Autonomie sind machtvolle Instrumente, um der psychosozialen Erkrankung unserer Gesellschaft entgegenzuwirken. Wenn jeder Eigenverantwortung übernimmt und täglich mit nur wenig Zeitaufwand für sich sorgt – ganz bewusst und voller Hingabe –, dann treten Stress, Schlaflosigkeit und Mobbing in den Hintergrund und das Opferdenken in Mangel und Notstand verwandelt sich immer öfter in ein Lebensgefühl von Wohlstand, Fülle und Gelassenheit. So entsteht ein Wir, ein Stück Gemeinsamkeit, das Qualität und Mehrwert für jeden von uns hat. Alles ist mit allem verbunden. Jeder von uns ist Teil des großen Ganzen. So sind wir alle eins.

Das KRAFT-Prinzip auf einen Blick

1. **Schritt: K wie *Kompetenz***
   Du befindest dich am Ort A. Entdecke deine fünf natürlichen Kräfte und schule deine »Innere Kompetenz« für deine Reise nach B.

2. **Schritt: R wie *Reflexion***
   Du bist noch am Ort A. Aktiviere deinen »Inneren Beobachter« und hole ihn als Weggefährten an deine Seite.

3. **Schritt: A wie *Ausrichtung***
   Du bestimmst dein B. Bringe deinen inneren Leuchtturm zum Strahlen und schenke ihm möglichst viel Aufmerksamkeit.

4. **Schritt: F wie *Fokus***
   Du machst dich auf den Weg nach B. Bündle deine Energie und konzentriere dich auf das Erreichen deiner Ziele.

5. **Schritt: T wie *Tatkraft***
   Du gehst Schritt für Schritt auf B zu. Gehe täglich in die Umsetzung und unterstütze dein stetes Tun mit Übungen deiner Wahl.

Kapitel 1

Das KRAFT-Prinzip

1.1 Kompetenz:
Wie du ein selbstbestimmtes Leben führst

Erfolgserlebnisse haben ihren Ursprung in der Vielfalt an Kompetenzen, die jeder Einzelne von uns in sich trägt. Das können deine naturgegebenen Begabungen oder erlernten Fähigkeiten sein, Persönlichkeitsmerkmale, die dich auszeichnen, dein soziales Verhalten oder die Art und Weise, wie du mit der Umwelt kommunizierst. Allen Stärken liegen fünf natürliche Kräfte zugrunde, deren Entfaltung dich innerlich frei und unabhängig macht. Fünf Ressourcen, die unmittelbar zum Menschen gehören. Sie sind immer da und du kannst jederzeit darauf zugreifen. Diese Kraftquellen bilden die Basis deiner »Inneren Kompetenz« als zentrales Werkzeug für mehr Selbstbestimmung und eine bessere Lebensqualität im Hier und Jetzt. Mit der Entwicklung der »Inneren Kompetenz« bist du stets in gutem Kontakt mit dir selbst, deinen Mitmenschen und dem großen Ganzen. Du wächst über deine Grenzen hinaus und erreichst die Ziele, die dir wichtig sind, mit mehr Leichtigkeit und Freude.

Weißt du, was alles in dir steckt?

Um im gesellschaftlichen System gut funktionieren zu können, wird ein Großteil unserer Individualität außer Acht gelassen. Kaum ein Aspekt unseres ursprünglichen Wesens darf erblühen, die Frage nach der natürlichen Begabung, Neigung oder Veranlagung, die jeder von uns in sich trägt, stellt sich oft gar nicht.

Dabei besitzen wir alle eine naturgegebene Kompetenz – ein ureigenes Talent, das uns vom Leben geschenkt wird. Dieses angeborene Potenzial, das jedem in die Wiege gelegt ist, ermöglicht es, auf einem oder mehreren Gebieten auch ohne exzessives Üben und Trainieren, Lernen oder Studieren Ergebnisse zu erreichen, die uns glücklich machen. Leben wir unsere Begabung, sind wir voller Elan und brennen für unsere Sache, dann bringen wir mit Leichtigkeit und spielerischer Freude zum Gelingen, was wir in anderen Bereichen nur mit Mühe schaffen.

Ob es sich um künstlerische, soziale oder intellektuelle Fähigkeiten handelt, mit ihnen geht uns alles leichter von der Hand. In der Welt unserer Talente gelingt es, schneller Fortschritte zu machen und besonders gute Resultate hervorzubringen. Der individuellen Veranlagung zu folgen macht uns selbstbewusster, zufriedener und innerlich freier. Die Vorstellung, mit der eigenen Begabung Geld zu verdienen und in der Gesellschaft einen angesehenen Platz einzunehmen, ist für viele Anreiz genug, um sich in einer nebenberuflichen Tätigkeit zu verwirklichen oder gar die Sicherheit einer Festanstellung aufzugeben und sich selbstständig zu machen. Das erfordert viel Mut und eine hohe Risikobereitschaft, vor allem wenn eine Familie versorgt werden muss.

Wenn Menschen ihre Leidenschaft ausleben, bereichern sie damit nicht nur sich selbst, sondern ihr gesamtes Umfeld. Es ist nie zu spät, all die Schätze ans Licht zu bringen, die im Inneren schlummern und nur darauf warten, von uns entdeckt zu werden. Wenn der wichtige Schritt gelingt, unser natürliches Können zur Entfaltung zu bringen, sind wir immer wieder in der Lage, Erfolge und die damit verbundene Anerkennung zu genießen, ohne uns restlos dafür verausgaben zu müssen. Und sollten wir einmal scheitern, verkraften wir es leichter und werden nicht sofort mutlos.

Weißt du, was alles in dir steckt? Worin bist du besonders begabt? Was bringt deine Augen zum Leuchten? Was bereitet dir so viel Freude, dass du es ewig tun möchtest? Was lässt dich die Zeit vergessen oder dein Herz vor Begeisterung höher schlagen? Möglicherweise bist du bereits als junger Mensch im Chor gewesen oder du hast schon früh deine Faszination für fremde Sprachen entdeckt. Für viele von uns ist die Antwort jedoch weniger eindeutig. »Habe ich denn überhaupt eine Gabe oder etwas, das mich besonders macht?«, fragst du dich vielleicht. Wenn dir nicht sofort etwas einfällt und du nicht auf Anhieb benennen kannst, worin dein naturgegebenes Potenzial besteht, ist das völlig in Ordnung, immerhin ist Begabung ein großes Wort. Der Schatz muss vielleicht erst gesucht und gefunden werden. Im durchgetakteten Alltag ist wenig Platz für Fragen, die ins Innere führen. Das braucht etwas Zeit und Muße, doch ich kann dich beruhigen:

MERKSATZ: Jeder Mensch hat natürliches Talent!

Wir alle sind einzigartig und verfügen über besondere Fähigkeiten. Wir alle sind ein wenig musikalisch, einige sind große Komponisten oder Meister eines Instruments. Wir alle können ein bisschen zeichnen oder malen, einige gehen mit ihren Werken in die Kunstgeschichte ein. Doch es müssen nicht immer große Dinge sein, die zu besonderen Leistungen führen. Wenn du die Gabe besitzt, andere Menschen zum Lachen zu bringen oder so mitfühlend zuhören kannst, dass dein Gesprächspartner in deiner Gegenwart ein erleichterndes Weinen zulässt, dann ist das ein wundervolles Talent. Oder du hattest schon immer eine schnelle Auffassungsgabe, die dir das Lernen erleichtert. Vielleicht kannst du so gut erklären, dass andere sich gern etwas von dir beibringen lassen. Oder aber du beherrschst die Kunst der Improvisation und liebst es, auf der Bühne zu stehen. Vielleicht kannst du sehr gut kochen und erfreust deine Mitmenschen mit köstlichen Speisen.

IMPULS FÜR DICH

Ein einfacher Weg, mehr über deine Begabungen zu erfahren oder neue Aspekte über dich herauszufinden, besteht darin, in deinem Umfeld Rat zu suchen und dir nahestehende Menschen zu befragen. Oder du nimmst dir etwas Zeit und erlaubst dir eine gedankliche Reise in die Vergangenheit. Woran kannst du dich noch gut erinnern? Welches freie Spiel hast du als Kind geliebt? Womit hast du dich besonders gern beschäftigt? Kinder tun ganz intuitiv, was ihnen Spaß macht und was sie begeistert. Was waren deine Hobbys oder Lieblingsinteressen in der Jugend? Vielleicht findest du einen bisher ungelebten Traum, etwas, wovon du kaum zu sprechen wagst, eine Ursehnsucht wie Bäume pflanzen, Körbe flechten oder im Alleingang die Welt bereisen? Vielleicht hast du für dein Leben gern gezeichnet oder Querflöte gespielt und es einfach nur vergessen. Die Chance ist groß, dass du Wünsche oder eine Begabung wiederentdeckst, die dich beflügeln und die dir so viel Freude bereiten, dass du sie in dein Leben zurückholen oder gar mit anderen teilen möchtest. Möglicherweise nimmst du wieder Unterricht oder schließt dich einem

Musik-Ensemble an, das sich regelmäßig trifft. Wenn du auf deiner Reise in die Vergangenheit eine Gabe wiederfindest, die dir Erfüllung bringt, jubiliert nicht nur deine Seele, auch die Menschen deiner Umgebung profitieren davon, denn sie werden ausgeglichener und zufriedener sein. Und wer weiß, vielleicht lassen sich andere sogar von dir inspirieren.

Jeder Mensch hat Stärken und Schwächen

Und dennoch gibt es keinen Menschen, der in allem gut ist, auch Albert Einstein nicht. Zeitgenössischen Berichten zufolge ging Albert nicht gern zur Schule. An den Spielen seiner Klassenkameraden beteiligte er sich nur selten, doch er lernte fleißig und bekam fast immer gute Noten, vor allem in Mathematik und Physik. Nur wenn es um das reine Auswendiglernen ging, zeigte er eine große Schwäche, was einen seiner Lehrer einmal zu dem Ausspruch veranlasste, aus Albert würde nie etwas werden. Und warum? Weil von ihm erwartet wurde, jede Aufgabe so gut zu meistern wie die Naturwissenschaften. Dabei hat jeder Mensch seine individuellen Stärken *und* Schwächen.

Wir können nun einmal nicht alles, und das müssen wir auch nicht. Wenn wir versuchen, in jeder Hinsicht gut zu sein, werden wir schnell enttäuscht sein. Wie sehr ärgert es uns, wenn wir versagen? Wie oft machen wir uns unglücklich, weil wir uns wünschen, wie jemand anderes zu sein, anstatt wir selbst? Wie schwer tun wir uns damit, die eigenen Stärken zu benennen, sie hervorzuheben und stolz auf sie zu sein? Offenbar können wir unsere Stärken nicht wirklich schätzen, und worin wir richtig gut sind, bemerken wir oft gar nicht. Unsere Schwächen zu verurteilen fällt uns hingegen leicht.

Anstatt mit den eigenen Unzulänglichkeiten Frieden zu schließen und unsere Begrenzungen mit Wohlwollen und Mitgefühl anzunehmen, neigen wir dazu, uns mit dem aufzuhalten, was wir nicht können. Natürlich ist es wichtig, die eigenen Schwächen und Missgeschicke ehrlich zu reflektieren, weil wir sonst nicht wachsen und uns weiterentwickeln können.

> **MERKSATZ:** Wer verbissen versucht, seine Schwächen auszugleichen, wird bestenfalls mittelmäßig.

Um etwas Bedeutsames und für uns Sinnvolles zu leisten, ist es viel lohnender, an unseren Stärken zu arbeiten, bis es uns gelingt, sie zur vollen Entfaltung zu bringen. Hätte sich Einstein auf das Auswendiglernen von Worten und Texten konzentriert, wäre er vermutlich nie das Physik-Genie geworden, als das wir ihn bis heute schätzen.

Jeder ist in irgendeinem Bereich gut, wir alle haben sowohl Talent als auch persönliche Stärken. Meist handelt es sich um positive Eigenschaften oder Fähigkeiten, die uns besonders auszeichnen. Das kann eine ausgeprägte Offenheit, Ausdauer oder Durchsetzungskraft sein. Entscheidend ist jedoch, in welcher Form diese Persönlichkeitsmerkmale wirksam werden. Wenn du ein kreativer Mensch bist, dann ist Buchhaltung wahrscheinlich nicht das Richtige für dich. Wenn du hervorragend kommunizieren kannst, dann solltest du nicht täglich am Computer sitzen, sondern dir eine Aufgabe mit Kundenkontakt suchen, denn nur so kommt deine Stärke als persönliche Kompetenz richtig zur Geltung.

Fällt es dir schwer herauszufinden, was deine Persönlichkeit stark macht? Dann ermutige ich dich an dieser Stelle noch einmal, mit deinen Freunden, deiner Familie oder mit Kollegen zu sprechen. Das Ergebnis wird dich erstaunen, denn andere Menschen spiegeln uns oft positiver, als wir uns selbst sehen. Vermutlich erfährst du von Stärken, die dir in dieser Form gar nicht bewusst waren. Oder du stellst weiterführende Fragen an dich selbst: »Wofür erhalte ich am meisten Anerkennung?«, »Wofür werde ich von anderen beneidet und wofür geliebt?«, »Worin habe ich bisher die größten Erfolge erzielt? Wie ist mir das gelungen?« Vielleicht hast du Lust, einen objektiven Stärkentest zu machen, wie zum Beispiel Clifton Strenghts von Gallup, oder ein Coach geht mit dir auf Entdeckungsreise. Die Auseinandersetzung mit deinen guten Eigenschaften und Fähigkeiten lohnt sich immer. Wenn du dir deiner persönlichen Kompetenz bewusst bist, verbessert sich dein Selbstbild. Du strahlst mehr Selbstwertgefühl aus, wirst stärker wahrgenommen und du bist gefragt, wenn es um die Verteilung interessanter Aufgaben oder Chancen geht.

Die Macht deiner »Inneren Kompetenz«

In diesem Kapitel stelle ich dir die Kompetenz vor, die allen menschlichen Fähigkeiten zugrunde liegt, ein Potenzial, das auf fünf natürlichen Kräften beruht, die wir immer bei uns tragen und die wir alle zu jeder Zeit in uns entfalten können. Ich nenne sie die »Innere Kompetenz«.

IMPULS FÜR DICH

Stelle dir vor, du müsstest dich für ungewisse Zeit in einem schalldichten, gänzlich dunklen Raum aufhalten. Hier gibt es nichts, womit du dich ablenken kannst. Du bist dort ohne Fernsehen und Musik, ohne zu lesen oder in dein Handy zu blicken. Nicht einmal etwas zu knabbern oder ein Glas Rotwein sind da. Dein Geist hat plötzlich nichts mehr zu tun. Nichts, was geeignet ist, um dich zu orientieren oder daran festzuhalten. Wie ergeht es dir an diesem Ort? Was kannst du mit dir anfangen? Welche Mittel stehen dir zur Verfügung, um dich bei Laune zu halten?

Vielleicht rennst du vor lauter Ärger aufgeregt hin und her oder es kommen in der gähnenden Leere und Finsternis Ängste in dir auf. Möglicherweise langweilst du dich schrecklich oder du sitzt resigniert da, erträgst still die ungewohnte Situation und harrst aus, bis sie vorüber ist und eine rettende Hand dich zurück »ins Leben« holt.

Vielleicht aber blickst du nach innen, schärfst deine Sinneswahrnehmung und erforschst, welche Fähigkeiten oder Kräfte dir jetzt helfen, um dein Gleichgewicht zu bewahren und dich innerlich aufzurichten. Wenn sich im Außen alles entzieht, wenn es nichts mehr gibt, das dich bestätigt, dich unterhält oder von dir selbst ablenkt, was bleibt dir dann, um die Situation unbeschadet zu überstehen?

Auf deiner Reise nach innen begegnest du fünf essenziellen Kraftquellen, die auf dem Grund deines Seins ruhen und nur darauf warten, von dir entdeckt zu werden. Kräfte, die dich innerlich stark, autonom und frei machen, für die du keinerlei Hilfsmittel oder Zuspruch benötigst. Kräfte, die dir Gelassenheit schenken, eine erhabene Ruhe tief aus deinem Inneren. Fünf naturgegebene Kräfte, die es dir ermöglichen, Krisen leichter zu bewältigen und den Stürmen des Lebens gewachsen zu sein. Ressourcen, die dir dabei helfen, Hindernisse und Herausforderungen als Teil deines Weges zu akzeptieren und einen versöhnlichen Umgang mit ihnen zu pflegen.

Vielleicht stellst du fest, dass du atmest, und spürst, wie dein Atem als beständiger Begleiter kühl durch die Nase einströmt und warm wieder aus. Vielleicht spricht deine innere Stimme zu dir und ermutigt dich, weil sie bereits ahnt, dass die Situation nicht so bleiben wird. Vielleicht zieht dein Leben an dir vorüber wie ein Film und nährt dich mit Bildern deiner Vergangenheit. Oder du stellst dir vor, an einem Ort zu sein, der dir Kraft spendet, im Wald, in den Bergen oder am Meer. Vielleicht hättest du Freude daran, Gedichte zu rezitieren, Lieder zu singen oder innig zu beten.

IMPULS FÜR DICH

Ich spreche von inneren Ressourcen, machtvollen Kräften, die dir treu zur Seite stehen und die du dein Leben lang in dir trägst. Du musst nur die Entscheidung treffen, dich im Alltag möglichst oft an sie zu erinnern, und sie aktiv nutzen. Das ist sicherlich nicht ganz einfach, wenn dich ein To-do nach dem anderen durch den Tag hetzt, hier sind Beharrlichkeit und Ausdauer gefragt.

Ich spreche von inneren Kraftquellen, die dir zu jedem Zeitpunkt zur Verfügung stehen, im Hier und Jetzt. Sie sollten von dir akzeptiert, belebt und trainiert werden. Sie sind immer da, um dir dienlich zu sein, sobald du selbst bereit bist, sie für dich nutzbar zu machen:

- die Kraft des Atems
- die Kraft der Intuition
- die Kraft des Herzens
- die Kraft der Imagination
- die Kraft des Wortes

WAS DU DABEI GEWINNST: Unter Einsatz dieser fünf Kräfte aktivierst du deine Selbstwirksamkeit. Du kommst öfter zur Ruhe, tankst Energie und stärkst deine Mitte. Mit ihrer Unterstützung bist du in der Lage, den Prüfungen deines Lebens angstfrei zu begegnen und ein Gestalter deiner Wirklichkeit zu sein. Wenn du einen tiefen Herzenswunsch hast und erfolgreich von A nach B gelangen willst, führt dich die Aktivierung dieser Kraftquellen zum Ziel. Für den Augenblick bedarf es lediglich der Anerkennung ihrer Existenz, der Sicherheit ihrer Wirkkraft, die dein Leben grundlegend verändert.

In deinem Haus gibst du den Ton an. Du bestimmst, wie viel Raum du der Ausbildung deiner »Inneren Kompetenz« gibst und welchen Einsatz du bringst, um ihre volle Wirkung zu entfalten. Du entscheidest, wie viel Bedeutung du der daraus entstehenden inneren Autonomie gewährst, die dich befähigt, Hürden zu nehmen und selbst große Herausforderungen deines Lebens zu meistern. Im zweiten Teil dieses Buches findest du eine ausführliche Beschreibung dieser fünf natürlichen Kräfte zur Stärkung deiner »Inneren Kompetenz«, mit zahlreichen Übungen, Ideen und Impulsen zur täglichen Anwendung. Lasse dich überraschen!

Aufmerksam und frei durch den Alltag

Um selbstbestimmt leben und unser wahres Potenzial nutzen zu können, bedarf es der Entwicklung dreier Fähigkeiten, nämlich erstens etwas über uns in Erfahrung zu bringen, es zweitens ehrlich zu hinterfragen und es drittens gegebenenfalls zu ändern.

> **MERKSATZ:** Menschliche Autonomie erfordert die Ausbildung einer möglichst wertfreien Wahrnehmung, um selbst gewählt entscheiden und handeln zu können.

Sie erschöpft sich nicht in bloßen Re-aktionen auf Gegebenheiten, ganz gleich ob im eigenen Innern oder in der Umwelt. Der Weg dorthin erfordert Mut und ein Bewusstwerden unserer individuellen Persönlichkeitsmuster, begleitet von liebendem Selbstmitgefühl.

Victor Frankl, Begründer der Logotherapie, definierte die Autonomie als die Fähigkeit, eine Pause machen zu können zwischen Reiz und Reaktion. Durch diese Pause entsteht ein innerer Freiraum, ein Innehalten und Wahrnehmen, das es erlaubt, aus unserem wahren Selbst – dem eigentlichen Wesenskern in uns – zu agieren und reagieren. Selbst-Bestimmung bedeutet hier wörtlich, dass unser Selbst bestimmt, nicht unsere vorgeprägte Persönlichkeitsstruktur. Innere Selbstbestimmung ist also von äußeren Bedingungen weitgehend unabhängig. Sie ermöglicht es, uns frei zu fühlen, selbst wenn wir äußerlich einiges beachten und befolgen müssen. Und sie ist unabhängig von den Erwartungen, von Denk- oder Haltungsmustern, die in früheren Lebensphasen geprägt wurden.[1]

Konnte ich dich neugierig machen, einen Blick auf dein

Selbstbestimmungspotenzial zu werfen und damit den ersten Schritt zu mehr Freiheit für dich zu gehen? Wünschst du dir vielleicht sogar etwas Zeit in einem dunklen, lautlosen Raum, um ganz bei dir anzukommen, deine inneren Werkzeuge kennenzulernen und sie zu erproben?

Dann widmen wir uns dem Umlenken deiner Aufmerksamkeit weg von der Außenwelt hin zur Innenwelt. Wie geht es dir jetzt, in genau diesem Moment? Sind deine Füße warm oder kalt, hast du vielleicht Hunger? Fühlst du dich ausgeruht oder müde? Hast du den Impuls, das Fenster zu öffnen und tief durchzuatmen? Was brauchst du, um dich richtig wohlzufühlen? Bist du lieber wach und präsent oder entspannt und gelassen? Bevorzugst du einen Zustand der Standfestigkeit oder der Balance? Vielleicht magst du es, dich vitalisiert und energetisiert zu fühlen? Wie erlebst du dich?

Um das herauszufinden, kommst du nicht umhin, deine Wahrnehmung nach innen zu richten und dich im jetzigen Moment auf dein inneres Sehen, Hören und Spüren oder auch auf dein Schmecken und Riechen zu konzentrieren. Was nimmst du wahr, wenn du nach innen blickst und lauschst? Ist es dunkel oder hell, siehst du möglicherweise Bilder? Ist es still oder kannst du etwas hören, ein Geräusch oder gar einen Klang? Welche Körperempfindung hast du? Wenn du dein inneres Auge und Ohr aktivierst und alle Sinne schärfst, die zur Erforschung deiner Innenwelt beitragen, hast du eine gute Voraussetzung, um unter Anwendung der fünf natürlichen Kräfte deine »Innere Kompetenz« zu voller Blüte zu bringen.

IMPULS FÜR DICH

Am besten machst du dich zunächst mit der Kraft deines Atems vertraut. Triff die Entscheidung, dich im Alltag möglichst oft mit deinem Atemfluss zu verbinden. Deine Atmung gibt den Takt an, das ist in vielen Bereichen des alltäglichen Lebens der Fall. Atemübungen gelingen an jedem Ort, entweder aufrecht sitzend oder im Stehen.

Übung

Möchtest du es gleich einmal ausprobieren? Dann schließe doch einfach die Augen und spüre, wie dein Atem kühl durch die Nase einströmt. Bei leicht geöffneten Lippen lässt du ihn warm durch Nase oder Mund wieder ausgleiten. Wenn deine Gedanken zu wandern beginnen, bleibst du ganz bei der sinnlichen Wahrnehmung deines Atemflusses und fühlst, wie sich dein Brustkorb dabei hebt und senkt. Nach einigen sanften Atemzügen erreicht er auch deinen Bauchraum und füllt ihn aus.

Wenn du einen Umgang mit deinem Atem findest, der dir zu mehr Ruhe verhilft, nimmst du besser wahr, was du brauchst, um deinen privaten und beruflichen Alltag erfolgreicher zu gestalten. Lerne, immer wieder nach innen zu lauschen, im Hier und Jetzt liebevoll mit dir zu sein, dann bist du auch in der Lage, mit deinen Mitmenschen selbst in schwierigen Situationen achtsam, mitfühlend und geduldig umzugehen.

Die Aktivierung deiner Sinne, des inneren Sehens, Hörens und Fühlens ist ein weiterer wichtiger Schritt, um deine »Innere Kompetenz« unter Einsatz der fünf natürlichen Kräfte zur Blüte zu bringen. Sei aufmerksam, sei wach! Hole deine Aufmerksamkeit immer wieder in das Hier und Jetzt zurück und koste den aktuellen Moment voll aus. Genieße es!

1.2 Reflexion:
Wie du mehr Handlungsspielraum gewinnst

In jedem Moment deines Daseins besteht die Chance, etwas zu verändern und dein Leben in die gewünschte Richtung zu lenken. Die Fähigkeit zu reflektieren unterstützt dich dabei, Geschehnisse der Vergangenheit aus verschiedenen Blickwinkeln zu betrachten und daraus zu lernen, indem du dein Denken, Fühlen und Handeln hinterfragst. Durch konstruktive Selbstreflexion bist du in der Lage, Ziele für die Zukunft zu bestimmen, dir kleine wie auch große Veränderungen bewusst zu machen und sie in deinem Alltag zu festigen. Um Entwicklungsprozesse im Hier und Jetzt aktiv zu gestalten, brauchst du eine wahrnehmende Instanz, die dir dabei zusieht, was du denkst und fühlst, was du sagst und tust: den »Inneren Beobachter«. Machst du dich mit ihm vertraut und nimmst ihn wie einen Freund an deine Seite, ermöglicht er einen gesunden Abstand zu deinen Gedanken, Gefühlen und Befindlichkeiten. Er hilft dir dabei, einen Moment innezuhalten, die Dinge wertfrei zu betrachten und ihnen mehr Zeit zu geben, ohne dich darin zu verstricken. So gewinnst du Handlungsspielraum, wirst innerlich freier und kannst den Herausforderungen des Alltags mit mehr Ruhe und Gelassenheit begegnen.

Veränderung beginnt immer bei dir selbst

In sich hineinspüren ist heute wichtiger denn je. In einer Welt, in der uns das Smartphone bei jedem Blick, den wir darauf werfen, mit einer Flut von Neuigkeiten konfrontiert, und Instagram Feeds oder Facebook Timelines uns zeigen, wie erfolgreich die Welt der anderen ist, geht der Bezug zu uns selbst, zu unseren Gefühlen und Bedürfnissen sehr schnell verloren. Ehe wir uns versehen, sind wir fremdbestimmt, eifern irgendwelchen Vorbildern nach oder ertappen uns dabei, wie wir fast blind die Erwartungen anderer Menschen erfüllen, ohne zu hinterfragen, ob es gut oder richtig für uns ist.

Hinzu kommen die täglichen Verpflichtungen: eine volle Mailbox und Papierberge, die sich auf dem Schreibtisch stapeln. Der Termindruck macht auch vor dem Privatleben nicht halt, denn schließlich müssen wir das bisschen Freizeit optimal nutzen. Mit einem Blick auf unsere To-do-Liste stöhnen wir innerlich auf und denken: Wie soll ich das bloß schaffen?

Viele Menschen machen sogar freiwillig Überstunden, vielleicht um von den eigenen Problemen abzulenken oder um eine innere Leere zu füllen. Sie fühlen sich überfordert, sind unzufrieden oder unglücklich, weil sie ihre Lieben für den Beruf vernachlässigen. Der Übergang zur Arbeitssucht ist oftmals schleichend und unbewusst, ein weit verbreitetes, ernst zu nehmendes Problem. »Workaholics« definieren sich in aller Regel über die eigene Leistung und schöpfen daraus einen großen Teil ihres Selbstwertgefühls. Hinzu kommt, dass Leistungsbereitschaft in unserer Gesellschaft als überaus positiv bewertet wird. Gefangen im Hamsterrad, übernächtigt und chronischem Stress ausgesetzt, kommen die Betroffenen gar nicht erst auf den Gedanken, dass die Möglichkeit einer Veränderung in ihnen selbst liegt. Immer sind andere schuld oder die äußeren, beklagenswerten Umstände. Allzu oft befinden wir uns nur noch im Außen – bei unserem Partner, dem Chef oder den Kollegen. Wir bewerten impulsiv, was wir wahrnehmen, und reagieren unreflektiert darauf.

> **MERKSATZ:** Wer nur hofft, dass wieder bessere Zeiten kommen, während er jeden Tag das Gleiche denkt, fühlt und tut, darf sich nicht wundern, wenn sein Alltag so bleibt, wie er ist.

Und wer kennt dieses Sich-Vertrösten auf ein besseres Morgen nicht? Aber warum ist das so? Das menschliche Gehirn ist ein Energiefresser. Es nimmt nur zwei Prozent des Körpergewichts in Anspruch und verbraucht etwa zwanzig Prozent der Gesamtenergie. Deshalb treten wir lieber auf der Stelle und verharren in unseren alten Gewohnheiten – das kostet vorerst weniger Kraft, als unbekannte Wege zu gehen. Es ist, als würden wir immer die Autobahn benutzen, obwohl es auch weniger befahrene Straßen und abenteuerliche Pfade gibt, die wir zwar noch nicht erkundet haben, die es sich aber durchaus zu entdecken lohnt.

IMPULS FÜR DICH

Dabei hast du in jedem Augenblick deines Lebens die Chance, etwas zu verändern, und sei es »nur« der nächste tiefe Atemzug. Du kannst für einen Moment spüren, wie es dir jetzt gerade geht, und deinem Gemütszustand achtsam begegnen. Dieses Spüren ist ein bedeutsamer Schritt, um bei dir selbst anzukommen. Als Nächstes kannst du hinterfragen, was dich in diese Situation geführt hat und was dich dort gefangen hält. Und wenn du die Antwort gefunden hast, kannst du nach Lösungen suchen, die sich besser anfühlen.

Entdeckungsreise nach innen

Bist du bereit zu wachsen und dich zu verändern? Bist du offen zu experimentieren, neue Wege zu gehen und Erfahrungen zu sammeln, die sich von den bisherigen unterscheiden?

> **Übung**
>
> Beginne doch mit einer Bestandsaufnahme: Wo genau stehst du heute? Mit welchen Bereichen deines Lebens bist du zufrieden, mit welchen nicht? Was hast du bisher erreicht? Was sind deine Wünsche für die Zukunft? Diese Bestandsaufnahme kann durch eigenes Nachdenken und Selbstbeobachtung erfolgen.

Stelle dir Fragen, die du in Ruhe auf dich wirken lässt und mit denen du dich regelmäßig auseinandersetzt – ein paar Tage, eine Woche oder auch länger. Am besten hältst du Notizblock und Stifte bereit, um deine Gedanken und die Entwicklung deiner Betrachtungen festzuhalten. Auf großen Papierbögen lassen sich die Höhen und Tiefen deines Lebens in Kurven aufzeichnen und farblich markieren.

Überlege dir, was die entscheidenden Erfahrungen in deinem Leben waren. Worin bestanden deine Höhenflüge und Krisen? Welche Ereignisse haben dich geprägt und dich innerlich wachsen lassen? Wenn dir das gelungen ist, leite ganz konkret ab, was das für deinen Alltag bedeutet und was du daraus lernen kannst. Durch diesen intensiven Auseinandersetzungsprozess beginnen bereits erste Veränderungen in deinem Denken, Fühlen und auch in deinen Handlungen.

Möglicherweise zeichnen sich Themen ab, die immer

wiederkehren. Vielleicht erkennst du Unerledigtes, das du zu Ende bringen möchtest. Oder du erinnerst dich an Unausgesprochenes, das noch dringend gesagt werden will, eine Entschuldigung etwa oder ein paar klärende, versöhnliche Worte. Welche Schritte wirst du als Nächstes gehen? Was sind mögliche Zielsetzungen, um in Zukunft ausgeglichener, erfüllter und glücklicher zu sein?

Schaffe dir Zeitfenster für deine Selbstreflexion
Vielen Menschen genügt es, übergeordnete Ziele und Visionen einmal im Jahr unter die Lupe zu nehmen, die Finanzen einmal im Monat zu prüfen und die dringenden Aufgaben einmal pro Woche. Das könnte bereits ein guter Anfang sein, ein erster Schritt in die gewünschte Richtung.

IMPULS FÜR DICH

Wenn du jedoch vorhast, dich intensiver und regelmäßig mit dir und deinen Verhaltensweisen zu beschäftigen, bietet es sich an, Alltagsrituale zu schaffen und für deine Reflexion Zeitfenster festzulegen, die nur dir gehören. Gerade am Anfang fällt es schwer, kontinuierlich dranzubleiben. Wenn du dir keine Termine setzt, läufst du Gefahr, dass das Reflektieren zwischen deinen alltäglichen To-dos untergeht. Nur wenn du immer wieder bei dir ankommst und die Beziehung zu dir selbst wichtig genug nimmst, entsteht mehr Raum in deinem Leben, um regelmäßig Rückschau zu halten.

Übung

Wirf einen Blick in deinen Terminkalender und überlege dir, welche Zeit sich in deinem Tagesablauf am besten dafür eignet. Egal ob morgens beim Frühstück, bevor die tägliche Routine beginnt, oder abends vor dem Schlafengehen: Vereinbare ein Date mit dir selbst und finde dein eigenes Ritual, das am besten zu dir passt. Gönne dir diese Ruheinseln, um zu entschleunigen und inneren Abstand zum Alltagsgeschehen zu gewinnen. Nur so kannst du tief in dich hineinhorchen und auch die weniger angenehmen Fragen stellen, Antworten finden und bisher unbekannte Wege gehen.

Aktuellen Studien zufolge dauert es bis zu 66 Tage, damit neue Gewohnheiten in Routine übergehen. Um feste Abläufe zu etablieren, solltest du auf jeden Fall zwei Monate lang regelmäßig üben. Zum Beispiel kannst du morgens mit motivierenden Fragen in den Tag gehen:

- Worauf freue ich mich heute am meisten?
- Wem möchte ich eine Freude bereiten?
- Und was will ich zum Gelingen bringen?

Abends vor dem Schlafengehen, bei einem Glas Rotwein oder einer Tasse Tee, lässt du den Tag Revue passieren und reflektierst:

- Wie geht es mir, wie war der Tag?
- Gab es Momente, für die ich dankbar bin?
- Erinnere ich mich an entspannte Augenblicke, ganz im Jetzt?
- Habe ich erreicht, was ich mir vorgenommen habe?

- In welchen Situationen habe ich mich gut verhalten, in welchen weniger?
- Warum habe ich so oder so reagiert?
- Was kann ich daraus lernen und morgen besser machen?

Dadurch stellst du sicher, dass dir kleine wie auch große Veränderungen bewusster werden und sich in deinem Alltag verfestigen.

> **MERKSATZ:** Stetiges Üben, Reflektieren und die Bereitschaft zur Veränderung sind der Schlüssel zu langfristigem Erfolg.

Selbstbetrug vermeiden – blinde Flecken erkennen

Wenn der Prozess deiner Selbstreflexion zu einem guten Ergebnis führen soll, ist ein weiterer Faktor wesentlich: Ein rundes Gesamtbild entsteht erst dann, wenn Selbstwahrnehmung und Fremdwahrnehmung zusammenwirken. Ärgerst du dich manchmal über dein voreiliges Handeln und findest, du könntest durchaus mehr Geduld walten lassen, obwohl Kollegen beeindruckt von deiner Entscheidungskraft sind? Oder bewunderst du an einer Freundin ihre Attraktivität, obwohl sie dir in einer vertrauten Stunde mitteilt, dass sie mit ihrem Aussehen überhaupt nicht zufrieden ist? Selbstbild und Fremdbild sind wie zwei Seiten einer Medaille.

Besonders im Bereich unserer persönlichen »blinden Flecken« fällt es schwer, unsere Unterscheidungskraft walten zu lassen und Gegebenheiten angemessen zu deuten.

Wann haben wir unbewusst etwas provoziert, das uns jetzt schmerzhaft vor Augen geführt wird? Wann haben wir überreagiert, damit jemanden verletzt, und weshalb? Und wann waren wir in Projektionen gefangen, die mit dem realen Geschehen in Widerspruch stehen? Blinde Flecken sind Verhaltensmuster, die uns selbst nicht unmittelbar bewusst sind, die andere aber sehr wohl an uns wahrnehmen. Das kann sich zum Beispiel darin äußern, dass von unserer Mimik und Gestik Signale ausgehen, die nicht zu den Aussagen passen, die wir verbal von uns geben.

> **IMPULS FÜR DICH**
>
> Die beste Möglichkeit, um blinde Flecken aufzudecken, ist regelmäßiges Feedback! Bei der Reflexion gilt es, ehrlich zu sein und dir nichts vorzumachen, denn mit Selbstbetrug oder der Beschönigung von Tatsachen, auch wenn sie noch so herausfordernd sind, kommst du nicht weiter. Natürlich haben deine innere Stimme, Gefühle und Wahrnehmungen ihre Berechtigung, doch bei heiklen Themen bietet es sich an, eigenverantwortlich zu handeln, vertraute Personen um konstruktive Kritik und eine ehrliche Einschätzung der Situation zu bitten: nahe Freunde oder wohlwollende Familienmitglieder – Menschen, die aufrichtig sind und die es gut mit dir meinen, von denen du eine offene Rückmeldung erwarten kannst, die nicht von ihren eigenen Interessen gefärbt ist.

Wenn du feststellst, dass du an dieser Stelle trotz aller Reflexionsbereitschaft nicht weiterkommst, ist es vielleicht an der Zeit, nach professioneller Unterstützung zu suchen. Bei blinden Flecken kann es sich um Abwehrmechanismen handeln, mit denen sich deine Seele schützt. Möglicherweise wurdest du in der Vergangenheit davor bewahrt, mit etwas konfrontiert zu werden, das dich damals überfordert hätte. Wir müssen nicht immer alles im Alleingang meistern! Einen guten Coach ins Boot zu holen kann hilfreich sein. Möglicherweise ist es auch ratsam, mit dem Hausarzt zu sprechen, damit er dir Psychotherapie-Sitzungen oder eine Kur verordnen kann.

Input von außen ist wichtig, um Selbst- und Fremdwahrnehmung abgleichen zu können. Trotzdem kann es zunächst schwerfallen, die eigene Wirkung auf andere zu akzeptieren. Dann gilt es, im gemeinsamen Reflexionsprozess offen zu bleiben, selbst dann, wenn du eine Beschreibung von dir hörst, die dir nicht gefällt. Jeder Mensch hat seine subjektive Wahrnehmung, die sich von Moment zu Moment ändern kann – je nach Befindlichkeit, Stimmung oder Tagesform.

Es ist alles andere als einfach, sich inmitten des Alltagsstresses auf kritisches Feedback oder sein Inneres zu konzentrieren, der Tag ist randvoll mit Terminen und Verpflichtungen. Gerade dann ist es wichtig, Selbstmitgefühl aufzubringen und dir schonungsvoll vor Augen zu führen, was nun der nächste Schritt ist. Unzulänglichkeiten und Enttäuschungen sind ein perfektes Übungsfeld für eine immer feinere Selbstwahrnehmung und Selbstreflexion. Deine Persönlichkeit wächst und reift, du entwickelst dich weiter.

WAS DU DABEI GEWINNST: Wenn du regelmäßig in dich gehst, dir den Spiegel vorhältst und deine Verhaltensmuster hinterfragst, bist du am Ende auch zufriedener und dein Selbstbewusstsein wächst. Und wenn du weißt, wie du mit deinen Mitmenschen in Beziehung stehst und welche Verhaltensweisen diese Beziehungen prägen, kannst du aktiv dazu beitragen, dass sich dein Lebensumfeld immer harmonischer, friedvoller und liebevoller gestaltet.

Kennst du dich selbst? Bist du in der Lage, deine Stärken effektiv einzusetzen und klare Entscheidungen zu treffen?

Sind dir deine innere Haltung wie auch deine Reaktionen vertraut und du lernst daraus? Behältst du auch in schwierigen Situationen meist einen kühlen Kopf? Du weißt genau, was dich reizt oder verunsichert, und kannst dein Verhalten bewusst steuern. Und nicht zuletzt: Wenn du dich selbst reflektierst, bleibst du authentisch und verlierst dich nicht in den Zwängen der Außenwelt, sondern du lebst selbstbestimmt, ausgeglichen und frei. Selbstreflexion schult in hohem Maße deine Fähigkeit, Geschehnisse aus verschiedenen Blickwinkeln zu beleuchten, sie eröffnet neue Potenziale – für deine berufliche Zukunft und deine aktive Lebensgestaltung.

Bewusste Selbstwahrnehmung im Jetzt

Nur allzu oft sind wir mit unseren Gedanken und Gefühlen woanders, weit weg vom Hier und Heute. Wir sind zu einer anderen Zeit, an einem anderen Ort oder mit anderen Menschen zusammen, nur nicht bei uns selbst, im jetzigen Augenblick und am tatsächlichen Ort des Geschehens.

In unserem Inneren ist immer eine Menge los. Quantenphysiker haben nachgewiesen, dass der menschliche Geist täglich etwa 60.000 Gedanken produziert, die ein bemerkenswertes Eigenleben führen; hinzu kommen die daraus resultierenden Stimmungen, Gefühle und körperlichen Empfindungen. Gedanken «kreisen in unserem Kopf», sie »beschäftigen uns« und sie »versetzen uns in einen glücklichen, traurigen, wütenden, ängstlichen oder zufriedenen Zustand«. Der Sprachgebrauch macht deutlich, wie wir von unseren Gedanken beeinflusst und in Beschlag genommen werden.

Als ich mich in meinem geisteswissenschaftlichen Studium mit der Yoga-Philosophie auseinandersetzte, fiel mir eine Skizze in die Hände. Auf dieser Zeichnung war der menschliche Gesamtorganismus in Form eines Hauses abgebildet und ganz oben, an der Spitze des Daches, stand das Wort »Bewusstsein«.

Ich sah mir die Skizze näher an und stellte fest, dass es hier auf der Ebene der fünf Sinneswahrnehmungen ein sechstes Organ gab: Dort stand das Sanskritwort »*Manas*«, was in der deutschen Sprache »Denkorgan« heißt. Das fand ich hochinteressant, da unsere westliche Gesellschaft dazu neigt, den Gedankenapparat an die oberste Stelle des menschlichen Systems zu setzen.

Und wir Menschen tendieren dazu, uns mit dieser Denkmaschine zu identifizieren. In aller Regel sind wir Sklaven unserer Gedanken, es sei denn, wir verbinden uns mit dem »Inneren Beobachter«, nehmen den Fluss unserer Gedanken bewusst wahr und erleben, wie befreiend es sein kann, sie immer wieder loszulassen.

Unsere Gedanken kommen und gehen. Gefühle entstehen, wollen gefühlt werden und vergehen. Sinnesempfindungen machen sich bemerkbar und verschwinden wieder. Auch unser Körper ist einem ständigen Wandel unterworfen. Nichts bleibt, wie es ist. Und dennoch gibt es eine Instanz in uns, einen beständigen Kern, einen Pol der Ruhe, der immer da ist – den »Inneren Beobachter«, der von seinem neutralen Punkt aus einfach nur zusieht.

Bewusstheit ermöglicht uns den Blick in unsere Innenwelt. Der »Innere Beobachter« nimmt wertfrei alle Geistesregungen, Gefühle und Körperempfindungen wahr, die unentwegt in uns auftauchen, eine Zeitlang verweilen und wieder davonziehen, doch er folgt ihnen nicht.

IMPULS FÜR DICH

Vermutlich wird es auch dir immer wieder passieren, dass du dich in Geschichten hineinziehen lässt – so als würdest du auf ein Boot aufspringen, anstatt es einfach vorbeigleiten zu sehen. Jeder von uns hat die Wahl. Merke dir einfach die folgenden Sätze: »Ich bin nicht meine Gedanken. Ich habe die Wahl. Ich muss meinen Gedanken nichts glauben!«

Solange du in deinen Gedanken und Gefühlen gefangen bist, machen sie mit dir, was sie wollen, und du wirst Opfer der Auswirkungen, die sie in dir hervorrufen. Wenn du jedoch lernst, diesen Vorgang aufmerksam wahrzunehmen und zu steuern, erlebst du einen Rollentausch, dann bist du selbst »der Herr im Haus« und deinem Denkapparat nicht mehr machtlos ausgeliefert.

Übung

Um deinen »Inneren Beobachter« aufzuspüren, nimmst du dir am besten einige Minuten Zeit. Schließe die Augen und richte deine Aufmerksamkeit nach innen. Was nimmst du wahr? Vielleicht spürst du die Unterlage, auf der du sitzt, ob sie weich ist oder hart, und wie deine Fußsohlen den Boden berühren. Währenddessen wartest du gespannt auf den nächsten Gedanken, der in dir aufsteigt. Beobachte eine Zeitlang die Bewegung deiner Gedanken und realisiere, dass du in der Lage bist wahrzunehmen, was du denkst. Also bist du mehr als deine Gedanken. Herrscht ein Gefühl oder eine Stimmung in dir vor? Nimm es wahr, in dem Wissen, dass du mehr bist als dein Gefühl oder deine Stimmung. Wie fühlt sich dein Kör-

> per an? Spürst du Verspannungen oder schmerzhafte Stellen? Verweile bei deinen Körperempfindungen und mache dir bewusst, dass du ihrer gewahr werden kannst. Demnach bist du auch mehr als deine Körperempfindungen.

Diese sehende Instanz in uns wertet nicht, sondern sie beobachtet, ohne zu urteilen. Sie akzeptiert einfach, alles darf sein. Die Sonne scheint oder es regnet, der Platz ist leer oder es wimmelt von Menschen, eine Kollegin hat kürzeres oder auch längeres Haar als wir. Die Realität selbst ist neutral, sie misst dem keine Bedeutung bei. Es ist eben so. Angenehmes oder Unangenehmes entsteht nicht im Außen, sondern indem wir etwas – gemäß unseren früheren Erfahrungen – als »gut« oder »schlecht« interpretieren.

Unser »Innerer Beobachter« lässt sich weder von Gedanken beeinflussen, die sich ständig verändern, noch von Gefühlen. Unser Kern bleibt immer gleich. Das gibt uns die innere Freiheit, alles, was da ist – auch das Schmerzhafte –, anzunehmen und furchtlos fühlen zu können, ohne uns davon überfluten zu lassen. Unsere Empfindungen lösen sich wieder auf, soviel ist sicher. Wir selbst dagegen bestehen weiter. Erleben geschieht immer im gegenwärtigen Augenblick. Wahrnehmen bedeutet, dass wir im Hier und Jetzt präsent sind. Auch wenn wir in Gedanken häufig in die Zukunft oder Vergangenheit abschweifen und mit dem beschäftigt sind, was gewesen ist und was noch passieren könnte. Nur in diesem einen Moment können wir wirklich da sein.

> **MERKSATZ:** Mit der Aufmerksamkeit in diesem einen Augenblick entsteht echter Kontakt zu uns selbst, zu anderen Menschen und zur Umwelt.

Wenn wir unsere Gedanken und Gefühle achtsam wahrnehmen, wenn wir stärker in der Gegenwart leben und mit unserem »Inneren Beobachter« verbunden sind, dann können wir einen Raum schaffen zwischen den mentalen oder emotionalen Auslösern und unseren Reaktionen darauf. Sowohl den Reiz als auch den Impuls, sofort reagieren zu wollen, können wir mit unserem »Inneren Beobachter« betrachten. Dieser kleine Abstand zwischen Reiz und Reaktion ermöglicht es uns, für einen Moment »die Zeit anzuhalten« und mit einem tiefen Atemzug ganz bei uns zu sein. So können wir eine kleine Pause einlegen und selbst entscheiden, ob wir uns mit einem bestimmten Gedanken beschäftigen, ein Gefühl aufsteigen oder eine Stimmung entstehen lassen, weil jetzt der richtige Zeitpunkt dafür ist. Vielleicht lassen wir diese Phänomene aber lieber an uns vorüberziehen und bleiben im mitfühlenden Kontakt mit uns selbst.

Der »Innere Beobachter« hilft uns dabei, die Menschen und Umstände so zu sehen, wie sie sind. Er greift nicht ein, er lehnt nicht ab, er straft nicht und er lobt nicht. Beide Pole, Freude und Traurigkeit, sind Bestandteile des Lebens. Ereignisse kommen und gehen. Im gesamten Universum ist alles einem ständigen Wandel unterworfen, alles unterliegt einem Prozess des Werdens und Vergehens. Wir haben die Wahl, ob wir Gleichmut bewahren oder blind auf das reagieren, was in uns aufsteigt, mit allen dazu gehörenden Konsequenzen. Und wir sind es, die entscheiden, ob wir unseren Lebensweg in Achtsamkeit gehen wollen oder nicht.

Dein »Innerer Beobachter« als Freund

Das Gehirn bietet uns aufgrund seiner Prägungen fortwährend Beurteilungen an. In aller Regel kommentieren wir innerlich, ob wir etwas gut oder schlecht finden, richtig oder falsch, ob es uns förderlich oder hinderlich erscheint. Entsprechend der früheren Erfahrungen ordnen wir das Wahrgenommene in unser Wertesystem ein und re-agieren mit Zuneigung oder Ablehnung, mit Verlangen oder Widerstand. Wenn wir ein aufrichtig gemeintes Kompliment hören und damit Anerkennung erfahren, fühlt sich das sehr angenehm für uns an, wir bejahen es innerlich, finden es schön und wir wünschen uns mehr davon. Werden wir beleidigt, verhält es sich umgekehrt. In beiden Fällen sind wir in unseren Reaktionsmustern gefangen.

Um uns selbst ehrlich zu erfahren, brauchen wir eine wahrnehmende Instanz, die wertfrei betrachten kann, was wir denken und fühlen, was wir sagen und tun. Eine Instanz, die uns dabei hilft, die Gegebenheiten und die Menschen als das zu sehen, was sie wirklich sind, und nicht so, wie wir sie gerne hätten. Oft reicht schon ein leiser, unterschwelliger Reiz, um uns zu irritieren und unsere Befindlichkeit nachhaltig zu beeinträchtigen, wie etwa ein scharfer Blick, ein harsches Wort oder eine Veränderung im Tonfall.

IMPULS FÜR DICH

Wenn du bisher wenig Erfahrung mit Achtsamkeitsübungen hast, dann gönne dir am besten immer wieder etwas Zeit, um dich zurückzulehnen und mit deiner Fähigkeit des Beobachtens zu spielen. Dabei betrachtest du dich selbst und das Verhalten der Menschen um dich herum. Du siehst einfach zu und nimmst mit einer interessierten, wohlwollenden Haltung wahr, was geschieht, möglichst ohne Bewertung.

> Solltest du feststellen, dass du deine Umwelt beurteilst, so nimmst du auch diese Gegebenheit in dein sanftes, nachsichtiges Gewahrsein.

Dabei kannst du »wie von außen« auf die Szene blicken, »von oben« aus der Vogelperspektive zusehen, oder aber du stellst dir vor, am Rand des Schauplatzes zu stehen und wie mit einer Filmkamera alles aufzunehmen, was passiert. Bilder kommen und gehen, alles ist in ständiger Veränderung. Im Nichtwerten, in der neutralen Draufsicht liegt die große Kraft deines »Inneren Beobachters«: Alles ist, wie es ist – nicht mehr und nicht weniger.

Dein »Innerer Beobachter« im Alltag

Was bringt es dir nun konkret, deinen »Inneren Beobachter« im Alltag einzusetzen und zu kultivieren? Wenn es dir gelingt, mit ihm Freundschaft zu schließen, wirst du immer selbstbestimmter und du gewinnst mehr Handlungsmacht. Du bist dann nicht mehr auf die Signale der anderen angewiesen oder gar Opfer der Umstände, sondern du bist Mitgestalter und kannst Prozesse aktiv steuern. Anstatt unbewussten Reaktionsweisen zu erliegen, übernimmst du Eigenverantwortung und nimmst den Verlauf der Dinge selbst in die Hand.

Deine achtsame Wahrnehmung unterstützt dich dabei, in herausfordernden Situationen mehr bei dir zu bleiben, ohne deinen eigenen Reaktionsmustern wehrlos zum Opfer zu fallen. Stattdessen richtest du deine Aufmerksamkeit auf dich selbst und beobachtest, was in dir vorgeht, ohne dich automatisch darin zu verstricken. Was löst die Situation in dir aus? Welche Gedanken ruft sie in dir hervor, welche Gefühle und Impulse?

Mithilfe deines Gewahrseins kannst du einen Abstand zwischen den aktuellen mentalen oder emotionalen Auslösern und deinen Reaktionen schaffen. Du gewinnst mehr Entscheidungsfreiheit und damit auch mehr Handlungsspielraum.

Vielleicht begegnest du dieser Herangehensweise zunächst mit Misstrauen und befürchtest, dass du dich selbst und dein Umfeld fortan mit einer gewissen Gleichgültigkeit und nur noch aus der Distanz erleben sollst, und du damit deine Lebendigkeit, Spontanität oder gar deine Gefühlstiefe verlierst.

IMPULS FÜR DICH

Doch genau das Gegenteil ist der Fall! Denn überall dort, wo es dir gelingt, für einen Augenblick innezuhalten, gelassen zu bleiben und den Dingen mehr Zeit zu geben, entsteht die Freiheit der Wahl: ohnmächtig zu reagieren oder im liebevollen Kontakt mit dir zu bleiben, weiter zu grübeln oder das Sorgenrad zu verlassen und Fülle zu erzeugen. Je öfter es dir gelingt, deinen Gedankenstrom zu durchbrechen und dich mit diesem Augenblick zu verbinden, desto mehr Raum entsteht für dein kreatives Sein, was natürlicherweise mit Freude, Zufriedenheit und Erfüllung einhergeht.

Beispielsweise kritisiert dich ein Kollege und trifft deinen wunden Punkt. Anstatt unüberlegt zu antworten und womöglich gereizt zu reagieren, kannst du die Situation meistern, indem du Folgendes tust: Du nimmst zur Kenntnis, dass du innerlich aufgebracht bist, doch anstatt deinen verletzten Gefühlen weiter Nahrung zu geben, richtest du deine Aufmerksamkeit unmittelbar auf deinen Atem. Du nimmst bewusst einige tiefe Atemzüge und spürst deutlich, wie deine Füße den Boden berühren und mit der Erde in Kontakt sind.

Für einen Moment »bleibt die Zeit stehen«, damit schaffst du den Freiraum zu entscheiden, welchem Handlungsimpuls du nun folgen willst. Du kannst entweder *nicht reagieren* und das Ganze an dir vorüberziehen lassen, weil ohnehin alles kommt und geht. Deine innere Aufregung klingt nach einiger Zeit von selbst wieder ab, weil du dich nicht weiter mit ihr befasst, stattdessen ziehst du es vor, dich noch eine Weile deinem Atem zu widmen. Oder aber du *agierst*, das heißt, du handelst selbstbestimmt und fragst den kritisierenden Kollegen, was genau ihn zu seiner Aussage veranlasst und was du seiner Ansicht nach zur Lösung beitragen sollst. Daraus kann sich einfühlendes Verständnis entwickeln und mehr gegenseitige Toleranz, zwei grundlegende Faktoren für eine friedvolle Kommunikation und Beziehung mit deiner Umwelt.

Auch beim achtsamen Umgang mit uns selbst können wir den »Inneren Beobachter« in Aktion erleben. Für unser Wohlbefinden ist die Meinung, die wir über uns haben, von besonderer Bedeutung. Wir sprechen hier von unseren tiefsitzenden Glaubenssätzen, also von Sätzen, Bewertungen und Urteilen anderer, die wir seit der Kindheit viele Male über uns gehört und verinnerlicht haben, sodass wir sie nun selbst glauben: »Du musst dich mehr anstrengen!«, »Das hast du nicht verdient!«, »Sei doch nicht immer so ungeschickt!« Das Verhängnisvolle an diesen Glaubenssätzen ist, dass sie auf einer unbewussten Ebene fortwährend unser Verhalten, unsere Erfahrungen und unsere Befindlichkeit beeinflussen. Sie sind zu einer Art »Innerem Richter« geworden, von dem wir uns einschränken lassen, weil wir uns ständig an ihm orientieren.

Der »Innere Beobachter« hilft uns dabei zu erkennen, wie unsere Glaubenssätze lauten, ob uns die Botschaften eher aufrichten oder kleinmachen und wie viel Macht wir ihnen einräumen. Wie aus negativen Glaubenssätzen unterstützende Kraftformeln werden, besprechen wir in Kapitel fünf des zweiten Buchteils. Wenn du dich angesprochen fühlst, dann lege am besten jetzt schon eine Liste der Glaubenssätze an, die dir in nächster Zeit durch den Kopf schießen.

Wenn du erkennst, in welchem Ausmaß du von Fremdeinflüssen bestimmt wirst, die dich daran hindern, deine innere Wahrheit zu leben, oder du feststellst, dass du dich in einer Wiederholschleife befindest, kannst du dich selbst besser annehmen und dir immer wieder verzeihen. Je länger du dich darin übst, deine Stärken *und* Schwächen urteilsfrei anzunehmen, desto größer wird deine Fähigkeit, unbewusste Konditionierungen an die Oberfläche zu holen und Verhaltensmuster aufzulösen, die deiner Gesundheit, deinem Glück und Erfolg im Weg stehen.

WAS DU DABEI GEWINNST: Und je mehr du lernst, deine Gedanken und Gefühle mit freundlichem Blick wahrzunehmen, in dem Wissen, dass du nicht daran festhalten musst, weil sie einem ständigen Wandel unterworfen sind, desto mehr bist du in der Lage, deine inneren Dramen loszulassen. Aggressive Gedanken kommen und gehen. Leiderfahrungen tauchen auf und verschwinden wieder. Dasselbe trifft auf die körperlichen Empfindungen zu, die mit deinen Gefühlen einhergehen, wie etwa ein schmerzendes Herz. Selbst die erhabensten Glücksgefühle sind nicht von Dauer.

Loszulassen bedeutet, dich nicht zu identifizieren und dennoch anzuerkennen, dass Freude und Traurigkeit, Stolz und Demut, Vertrauen und Angst Teile des Lebens in ständiger Veränderung sind. Sie gehören zu dir, doch du bist mehr als sie. Je nach dem Grad deiner Bewusstheit kannst du deine Aufmerksamkeit zwischen äußeren und inneren Phänomenen hin- und herwandern lassen und selbst entscheiden, wie lange du dort verweilst. Weder bist du ihnen restlos ausgeliefert, noch musst du gänzlich mit ihnen verschmelzen. Das bedeutet nicht, dass du gleichgültig oder gefühllos wirst, sondern vielmehr die innere Freiheit gewinnst, deine Gedanken- und Gefühlswelt in ihrer ganzen Tiefe zulassen und wertfrei annehmen zu können, ohne deinen »Inneren Richter« fürchten zu müssen.

Übung

Um die Wirkkraft deines »Inneren Beobachters« im Alltag zu etablieren und aufrechtzuerhalten, braucht es ein wenig Übung. Eine Möglichkeit besteht darin, immer wieder die Augen zu schließen und die Aufmerksamkeit auf die Mitte zwischen den Augenbrauen zu lenken, so als würdest du mit geöffneten Lidern hinsehen. Das sogenannte dritte Auge ist wie ein Magnet. In den alten Schriften heißt es, dass es fortwährend hungrig ist und sich von Wachheit ernährt. Wenn du dem dritten Auge deine Aufmerksamkeit schenkst, wird es lebendig und du selbst wirst zum Zuschauer deiner Gedanken, Gefühle und Sinnesempfindungen, ohne dich mit ihnen zu identifizieren. So kannst du die sehende Instanz in dir schulen und in steter Verbindung mit ihr bleiben, was dir mehr innere Freiheit, Ausgeglichenheit und Lebensqualität schenkt.

Im zweiten Buchteil findest du zahlreiche Übungen, um deine Achtsamkeit weiter zu schulen. Das kann über die Kraft des Atems geschehen oder durch Entfaltung der weiteren vier natürlichen Kräfte. Suche dir einfach zwei bis drei Übungen heraus, die dich ansprechen, und lege gleich damit los, um das reine Wahrnehmen mit deinem »Inneren Beobachter« zu trainieren und deine Freundschaft mit ihm zu stärken. Nur so kannst du verhindern, dass du immer wieder unbewusst in alte Wahrnehmungs- und Bewertungsmuster zurückfällst.

1.3 Ausrichtung:
Wie du Veränderungen bewirkst, die du dir wünschst

Wer von A nach B gelangen will, muss bereit sein, neu zu denken, zu fühlen und zu handeln. »Die Energie folgt der Aufmerksamkeit« – wenn du diese Worte verstehst, sie dir täglich vergegenwärtigst und zur Anwendung bringst, verbessert sich nicht nur deine Lebensqualität, sondern du kannst auch zielorientierter vorgehen. Worauf du hauptsächlich deine Aufmerksamkeit lenkst, womit du dich gedanklich oder gefühlsmäßig überwiegend befasst, das nimmt Form an und wird schlussendlich Realität. Nur wenn du weißt, was dir im Leben wirklich wichtig ist, kannst du von A nach B gelangen oder einen alten Zustand verlassen, der dir nicht mehr dienlich ist, und dich auf das Neue ausrichten, das du stattdessen erreichen willst. Mit deinen Gedanken, Gefühlen und den damit verbundenen Körperempfindungen schaffst du den Resonanzraum, damit dieses Neue in dein Leben treten kann. Jede Veränderung entsteht im Hier und Jetzt, die Lösung liegt im bewussten Wahrnehmen der gegenwärtigen Situation. Indem du lernst, deinen »Inneren Beobachter« zu aktivieren und immer wieder einen Perspektivenwechsel einzuleiten, sobald du merkst, dass du von alten Gewohnheitsmustern vereinnahmt wirst, ebnet sich in deinem Leben Stück für Stück der Weg zum Ziel.

Alles ist in steter Bewegung
Immerwährender Wandel ist ein Grundmuster der Natur. Es wird Tag und Nacht und wieder Tag. Wir erleben den Rhythmus von Ebbe und Flut. Vier Jahreszeiten und ein ständiger Wetterwechsel beeinflussen unser Wohlbefinden. Auch wir verändern uns. Während der Körper unaufhaltsam älter wird, entwickeln sich Geist und Seele weiter. Alles ist im Fluss, in fortwährender Bewegung. Was entsteht, das vergeht auch wieder. Aus welkem Laub wird nahrhafter Humus für neues Gedeihen und Erblühen. Nichts bleibt, wie es ist.

Veränderungsprozesse sind ein wichtiger Bestandteil unseres Lebens. Sie sind unvermeidlich und das ist gut so, denn ohne die Möglichkeit, uns zu verändern und unsere Komfortzone zu verlassen, würden wir immer nur auf der Stelle treten, wir könnten nicht wachsen und uns weiterentwickeln. Auf der körperlichen Ebene bringt Stagnation den Abbau unserer Muskulatur mit sich. Die Einschränkung unserer Beweglichkeit und vorzeitiges Altern sind die Folge.

Dennoch stehen wir Veränderungen nicht immer positiv gegenüber. Ob im Berufsleben, in der Beziehung oder im Umgang mit unserer Gesundheit – oft stecken wir in alten, vertrauten Verhaltensmustern fest und nehmen für lange Zeit Zustände in Kauf, die uns nicht guttun. Anstatt die Kraft unserer Intuition zu nutzen, überhören wir die Stimme aus unserem Inneren. Warnenden Gedanken oder Gefühlen schenken wir keine Beachtung. Unser Körper sendet Signale wie Schlafstörungen, Herzrasen, Bluthochdruck oder Nervosität, die wir einfach übergehen. Erst wenn wir richtig leiden oder krank werden, wachen wir auf, und selbst dann neigen wir noch dazu, uns krampfhaft an den Gegebenheiten festzuhalten – doch dazu muss es nicht kommen!

> **MERKSATZ:** Wir können uns Schritt für Schritt von Gewohnheiten, Situationen oder von Menschen verabschieden, die unsere Energie rauben und mehr Kraftspendendes in unser Leben einladen.

Meist steht hinter der Scheu vor dem Wandel ein zu geringes Selbstbewusstsein oder Selbstwertgefühl. Wir sind unsicher, ob es uns gelingen wird, mit dem Ungewohnten umzugehen. Mit dem Vertrauten kennen wir uns aus, doch das Neue wirkt bedrohlich, weil wir nicht einschätzen können, welche Unannehmlichkeiten und Risiken damit verbunden sind.

Oftmals wird das Alte immer unpassender, etwa eine Beziehung, die wir nur noch halbherzig aufrechterhalten, während wir hoffen, dass uns bald ein neuer Liebespartner begegnet. Wir fürchten das Alleinsein nach der Trennung und tun uns schwer, eine Phase der Ungewissheit zuzulassen. Hier voreilig einen Kompromiss einzugehen und uns auf den nächstbesten attraktiven Menschen einzulassen, nur um dem Schwebezustand zu entkommen, bringt uns nicht weiter. Wenn wir jedoch die klare Entscheidung treffen, uns aus der alten Beziehung zu lösen und eine Zeit des Alleinseins in Kauf zu nehmen, von der wir nicht wissen, wie lange sie dauern wird, in der wir aber zu uns selbst finden, bereiten wir den Boden für eine stimmige und nährende Partnerschaft in unserem zukünftigen Leben.

Ob im Bereich unserer Beziehungen oder im täglichen Arbeitsumfeld, oft trauen wir uns nicht, Veränderungen zu bejahen, obwohl sie zu mehr Lebensqualität führen könnten. Wenn wir einen vertrauten Ort verlassen, so führt uns der Weg zunächst vielleicht durch schwieriges Gelände, durch einen dunklen Wald oder über eine wacklige Brücke, bis wir wieder sicheren Boden unter den Füßen spüren. Das wahrhaft Neue zu wagen, bedeutet jedoch immer eine Chance zur Verbesserung der bisherigen Situation.

Unabhängig davon, wie klein oder groß die Veränderung ist, sie bedeutet den Beginn von etwas Neuem und sie erfordert das Loslassen von Altem. Was ausgedient hat, darf gehen und bisher Unbekanntes tritt in unser Leben. Wer weiß, welche Überraschungen und Geschenke auf uns warten, wenn wir den Mut aufbringen, den ungewohnten Weg zu beschreiten und uns darin üben, bewusst loszulassen.

Veränderungen als etwas Positives zu erkennen, sie neugierig und offen zu erforschen und vertrauensvoll anzunehmen, ermöglicht uns, flexibel zu bleiben, den Prozess aktiv zu gestalten und mit dem Wechselbad an Gefühlen umzugehen, die er in uns hervorruft.

Manchmal müssen wir auch anerkennen, dass wir unseren Wünschen und Zielen selbst im Weg stehen, weil wir noch nicht bereit sind, unsere Komfortzone zu verlassen. Dann gilt es, nachsichtig mit uns zu sein. Hindernisse und Rückschläge sind in Ordnung, denn sie gehören zu jedem neuen Weg. Viele Dinge, im Großen wie im Kleinen, funktionieren nicht sofort und nicht genauso, wie wir sie uns vorstellen. Das ist jedoch kein Grund, unseren Veränderungsprozess im Keim zu ersticken. Unabhängig davon, wie schnell oder langsam wir voranschreiten und welche Vorhaben uns gelingen oder nicht – entscheidend ist, dass wir uns immer wieder auf den Weg machen.

Veränderung geschieht immer im Jetzt

Sehnst du dich oft nach Zeiten deiner Vergangenheit, als du glücklich warst und es dir in jeder Hinsicht gut ging? Zeiten, die unwiederbringlich vorüber sind und deren Erinnerung dich selig und zugleich wehmütig stimmt? Oder wartest du überwiegend auf das »Morgen« und träumst von einer Zukunft, in der alles besser wird? Vielleicht lebst du auch besonders gern im Jetzt, wach und präsent, mit all deinen Sinnen?

Unser Dasein verläuft in drei Zeiten, die sich stets vorwärtsbewegen. Alle drei gehören zu uns und haben ihre Berechtigung, vorausgesetzt wir finden das richtige Maß. Wir können zurückschauen und nach vorn blicken, doch der Schwerpunkt sollte möglichst in der Gegenwart liegen. Die Vergangenheit lässt uns verstehen, warum wir so denken und fühlen, wie wir es tun, und warum wir dort sind, wo wir uns gerade befinden. Die Zukunft will geplant und vorbereitet sein. Unser Dach über dem Kopf und das Essen auf dem Tisch fallen nun einmal nicht vom Himmel. Damit wir das Erwünschte auch wirklich erreichen, greifen wir auf den Erfahrungsschatz dessen zurück, was wir in der Vergangenheit gelernt haben. In der Gegenwart atmen wir. Hier empfinden wir unseren Körper und nehmen Sinneseindrücke wahr. Hier denken, fühlen und handeln wir. Alles Leben entsteht im Jetzt. Alle realen Begebenheiten spielen sich ausschließlich im Hier und Heute ab – genau in diesem kostbaren Moment.

Aber warum ist es so schwer, mit all unseren Sinnen im jetzigen Augenblick wach und da zu sein? Wie kommt es, dass wir häufiger in unserer Vorstellungswelt verweilen als im Hier und Jetzt? Die Ursache liegt im Gehirn, denn es will permanent denken. Angetrieben von den Reizen unserer schnelllebigen Welt produziert es einen fortwährenden Gedankenstrom, der uns entweder in die Vergangenheit oder in die Zukunft trägt. Unser Gehirn liebt es zu grübeln, sich zu sorgen, zu träumen oder Probleme zu wälzen. Nur selten kommt es zur Ruhe.

Doch Vergangenheit und Zukunft existieren immer nur in unserer Gedankenwelt, nicht im Jetzt. Das Gestern ist vergangen und das Morgen liegt noch vor uns. Wenn wir uns gedanklich zu oft in der Vergangenheit oder Zukunft aufhalten, verbauen wir uns die Chance, hier und heute ein gutes Leben zu führen und unsere Wirklichkeit selbstbestimmt, das heißt eigenständig, zu gestalten. Und das ist nur zu einem einzigen Zeitpunkt möglich: in der Gegenwart.

Uns aus dem Jetzt zu flüchten, bringt uns nicht weiter. Wir opfern den Genuss des Augenblicks einer verlorenen Vergangenheit oder einer ungewissen Zukunft. Auch die Zeit für Veränderung ist stets *jetzt*. Wenn wir warten, bis der perfekte Zeitpunkt gekommen ist oder das erhoffte Neue ganz ohne unser Zutun eintritt, bewegen wir uns auf der Stelle und es geschieht nichts.

> **MERKSATZ:** Wir haben immer die Möglichkeit, bewusst Einfluss zu nehmen und eine Veränderung in die gewünschte Richtung herbeizuführen, indem wir sie im Hier und Jetzt gestalten.

Wir haben einen freien Willen und wir sind es, die entscheiden, wie wir mit der gegebenen Situation umgehen wollen. Das erfordert jedoch unsere Bereitschaft zur Selbstverantwortung. Wir haben in jedem Augenblick die Wahl, aktiv zur Verbesserung der Lage beizutragen, indem wir einen inneren Richtungswechsel einleiten.

Annehmen, was ist – Der Schlüssel zur Veränderung

Befinden wir uns in einer unangenehmen, festgefahrenen oder unbefriedigenden Situation, dann drängen wir aufgrund unseres Wesens auf eine Verbesserung der Umstände. Angenommen du triffst – entgegen deiner Neigung an alten Gewohnheiten festzuhalten – eine bewusste Entscheidung im gegenwärtigen Moment. Vielleicht gibt es einen Wunschzustand, den du erreichen willst, und du strebst ungeduldig der Veränderung entgegen.

> **MERKSATZ:** Auch wenn es zunächst widersprüchlich erscheint: Nur durch die vollständige Annahme des aktuellen Ist-Zustandes kann eine Änderung in die gewünschte Richtung erfolgen!

Das erfordert, dass du die momentane Situation wertfrei wahrnimmst und dich bewusst entscheidest, sie so zu akzeptieren, wie sie ist. Mit etwas *sein* zu können und dann zu handeln ist immer besser als zu handeln, weil du mit etwas nicht *sein* kannst.

Gesetzt den Fall, du fühlst dich zu dick und willst einige Kilo abnehmen. Akzeptiere deinen Körper mit all seinen Rundungen und verurteile dich nicht. Nimm jedes Gramm liebevoll wahr und dann gönne deinem Körper tägliche Bewegung, bereite ganz bewusst gesündere Mahlzeiten vor und lasse dir Zeit beim Kauen, während du in vollen Zügen dein Essen genießt. Dabei stelle dir vor, wie dein Körper an Spannung gewinnt, dynamisch und attraktiv wird und wie es sich anfühlt, voller Energie zu sein.

Wer mit sich oder seinen Lebensumständen hadert, kommt kaum von der Stelle. Wer jedoch im Frieden mit den Gegebenheiten ist, für den können sich die Dinge wirklich wandeln. Mit anderen Worten: Wer die Unzulänglichkeit der aktuellen Situation gelassen und wertfrei betrachtet, indem er sie so akzeptiert, wie sie ist, hat die beste Ausgangsposition, um Entwicklungsprozesse herbeizuführen. Warum ist das so?

> **IMPULS FÜR DICH**
>
> Wenn du von A nach B gelangen und folglich in deinem Leben etwas Neues erschaffen willst, erfordert das deine Bereitschaft, neu zu denken. Stelle dir vor, du bist noch bei A, willst aber eigentlich nach B. Wenn deine Gedanken fortwährend um A kreisen und sich mit dem befassen, was du in deinem Leben nicht mehr haben willst, was dich einschränkt oder stört, was dich ärgert oder nervt, was dich ermüdet oder herunterzieht, was passiert dann ganz automatisch?

Dann erzeugst du mit jedem einzelnen Gedanken A, denn dort, wohin du deine Gedanken richtest, wohin du deine Energie und Aufmerksamkeit lenkst, manifestiert sich Materie und es entsteht genau das, was du in deinem Leben *nicht* mehr haben willst. Wenn du also etwas verändern willst, wenn du einen neuen Zustand erreichen willst, dann erfordert das deine Bereitschaft, B zu denken und auch deine inneren Bilder, deine Sinneswahrnehmungen, Gefühle, Worte und Taten auf B auszurichten.

Richte dich auf deine Ziele aus

Mit welcher inneren Ausrichtung bewältigst du deinen Alltag? Bist du eher optimistisch oder pessimistisch veranlagt? Fühlst du dich öfter als Opfer der Umstände oder führst du die Regie in deinem Leben? Und was hält dich in schwierigen Zeiten »auf der Spur«?

Wenn Mülleimer und Spülmaschine voll sind, die Kinder lautstark streiten und ausgerechnet jetzt das Telefon klingelt, obwohl wir ohnehin schon zu spät dran sind, fällt es schwer, das Leben begeistert zu würdigen und womöglich noch an Wunder zu glauben.

Wie können wir – angesichts der täglichen Herausforderungen – zu einer inneren Haltung finden, die uns entspannt, freundlich, staunend und voller Liebe durch den Tag gehen lässt? Ist das machbar, oder müssen wir dafür stundenlang Innenschau halten und auf einem Meditationskissen ausharren?

MERKSATZ: Alles, worauf wir uns mental ausrichten, was unsere Zuwendung bekommt und unsere Aufmerksamkeit, das verstärkt sich.

Es wird größer, intensiver und deutlicher wahrnehmbar – und letztlich wird es Realität! Das Innen und Außen bedingen sich gegenseitig. Lebensfreude oder Unmut hängen unmittelbar mit unserer inneren Ausrichtung zusammen. Beglückende oder belastende Ereignisse wiederum haben eine direkte Auswirkung auf unsere Stimmung. Bereichernde zwischenmenschliche Erfahrungen und eine harmonische Umwelt sind Spiegel der Achtsamkeit, Wertschätzung und Dankbarkeit, mit der wir ihr begegnen. Damit uns das möglichst oft gelingt, ist ein Umdenken nötig.

Die Lösung liegt im Betrachten der gegenwärtigen Situation aus einem anderen Blickwinkel: Ist das Glas halb voll, oder halb leer? Schälen wir die Kartoffel frustriert und voller Groll angesichts der eintönigen Hausarbeit oder schätzen wir sie staunend als nahrhaftes Lebensmittel und Geschenk der Natur? Eigentlich ist es völlig egal, *was* wir betrachten oder tun, ob es etwas kleines Alltägliches oder etwas Großes ist – es geht nur darum, *wie* wir es machen, mit welcher inneren Haltung. Wir haben die Wahl im Hier und Jetzt!

Ein anderer Weg, um immer wieder »auf die Spur« zu kommen, besteht in der Neuausrichtung unserer Gedanken auf etwas Schönes, Erfüllendes in der kommenden Zeit, was uns innerlich stärkt und aufrichtet. Sei es eine Aufgabe, auf die wir uns freuen, oder eine Reise, für die wir schon seit längerer Zeit Rücklagen schaffen. Deshalb ist es ganz entscheidend zu wissen, was wir als Nächstes erreichen, was wir gern besitzen, unternehmen oder sein wollen. Nicht im Sinn einer Flucht in die Zukunft, sondern als gut geplante Vorbereitung auf das, was vor uns liegt, im Rahmen unserer Möglichkeiten.

> **MERKSATZ:** Eine klare innere Ausrichtung ist der wichtigste Schritt hin zur Erfüllung von Herzenswünschen, Zielen und Visionen, ganz gleich ob kurzfristig oder weit in die Zukunft gedacht.

Wenn wir keine Ahnung davon haben, was wir tatsächlich wollen, oder uns einfach nicht entscheiden können, herrschen Unklarheit, Verwirrung oder Stillstand, dann wiederholen sich im Innen und Außen ganz von selbst Gewohnheitsmuster, die nicht weiterführen.

Einen inneren Leuchtturm erschaffen

In der Schifffahrt dient der Leuchtturm als Orientierungspunkt, der vor allem in der Nacht über eine große Entfernung hinweg sichtbar ist. Dabei ist das Wichtigste sein unbeirrbares Licht. Es leuchtet in einem weißen Strahl weit auf das Meer hinaus. Daher nennt man die Lichtsignale auch Leuchtfeuer. Sie leiten die Seeleute durch die Meere, warnen vor Gewässern mit geringer Tiefe und helfen, ihre Position auf See zu bestimmen. Damit das Leuchtfeuer von weit draußen zu sehen ist, wurden die Signaltürme oft an erhabenen Plätzen in die Höhe gebaut. Dort stehen sie stolz und aufrecht.

IMPULS FÜR DICH

Auch deine innere Ausrichtung braucht einen Fixpunkt, einen Leuchtturm mit Strahlkraft, an dem du dich immer wieder orientieren kannst. Um ihn zu errichten, benötigst du dein Vorstellungsvermögen. Die Fähigkeit der Imagination bedeutet, dir klar und deutlich ausmalen zu können, bereits dort angelangt zu sein, wo du künftig gern sein willst. Wie sieht eine Zukunftsvision aus, die deine Begeisterung weckt, die dich beschwingt und inspiriert?

Sie sollte so stark und motivierend sein, dass du dich selbst in Krisenzeiten ermutigt fühlst, sobald du dich mental nach ihr ausrichtest. Dann kannst du ihre Inhalte visualisieren und in dir lebendig werden lassen. Fühle tief in dich hinein, um herauszufinden, was dein größter Wunsch ist. Beleuchte dein Herz, deinen Bauchraum und sieh genau hin. Was schlummert in dir und wartet darauf, endlich geweckt zu werden?

Was möchtest du erreichen? Was gibt deinem Leben Sinn? Vielleicht willst du im Einklang mit dem großen Ganzen dem Erhalt der Natur dienen, zum Wohl der Menschen, zum Nutzen der Umwelt. Oder du wünschst dir, endlich unabhängig zu leben, eine Selbstständigkeit zu beginnen und dir nicht mehr von deinem Chef sagen zu lassen, was du zu tun hast. Es könnte auch sein, dass du ein tiefes Ruhebedürfnis hast und dich nach dem Leben in einer Berghütte abseits jeglichen Lärms sehnst, in vollkommener Stille, wo du Entspannung und Ruhe findest.

Spüre in dich hinein, bis du gewiss bist, dass es keine Kopfidee ist, sondern eine tiefe, innere Sehnsucht, in der das Potenzial ruht, dich voller Energie sprühen zu lassen, dich zu erfüllen, zufrieden und glücklich zu machen. Im Unterwegssein zwischen den Höhen und Tiefen des Lebens strahlt dein Leitbild wie ein Leuchtturm dem Seefahrer in der Nacht.

> **MERKSATZ:** Ein großes Ziel, das uns motiviert, hat magnetische Anziehungskraft und wirkt wie ein innerer Motor. Es gibt uns Antrieb und Auftrieb zugleich.

Eine starke Vision kann erst entstehen, wenn du es dir erlaubst, groß zu denken. Nur so können sich deine Wünsche und Ideen frei entfalten. Und nur so entstehen Bilder deiner Zukunft, die dich beflügeln und ungeahnte Kräfte in dir hervorrufen.

Ganz gleich, ob du die Gründung eines mittelständischen Unternehmens planst oder anstrebst, als Speaker auf den großen Bühnen des Lebens zu stehen: Eine klare Zielsetzung schenkt dir tagtäglich den Elan, dein Bestes zu geben. Sie hilft dir dabei, die Höhen und Tiefen deines Lebens zu bestehen. Vor allem gibt sie dir Halt und Ermutigung in Krisenzeiten. Wir alle sind der Welle des Lebens ausgesetzt, so als würden wir auf dem Bug eines Schiffes durchs bewegte Meer segeln, auf und ab mit der Nase im Wind.

Nach jedem Tief kommt wieder ein Hoch und umgekehrt. Und diese Wellenbewegung, diese Höhen und Tiefen kannst du leichter meistern, wenn du eine lebendige Vision hast, die dir Kraft gibt, für die du tief in deinem Herzen brennst und die dein inneres Feuer entfacht. Sie unterstützt dich dabei, auf lange Sicht durchzuhalten, und richtet dich immer wieder auf.

Übung

Nutze die Kraft der Imagination! Wenn du weißt, was du wirklich willst, und dein Vorstellungsvermögen trainierst, kannst du die Manifestationskraft deiner inneren Bilder gezielt einsetzen. Der Lernprozess besteht darin, dein Wunschziel mit leuchtenden Farben auszuschmücken und deine Vision unter Einsatz deiner Gefühle und aller Sinnesempfindungen möglichst oft lebendig zu halten. Du errichtest deinen inneren Leuchtturm und lässt ihn beständig strahlen.

Dazu machst du einen großen Schritt nach vorn und trittst in deine Zukunftsvision hinein. Du bist jetzt in deinem Leuchtturm. In welcher Situation befindest du dich? Wer ist alles anwesend? Wie sieht es hier aus? Wie ist deine Vision ausgestattet? Was kannst du darin riechen, hören, sehen, schmecken oder auch tasten? Und wie fühlt es sich an, hier zu sein? Fühlst du Freude oder Stolz, vielleicht Glück oder Zufriedenheit? Atme tief und genieße in vollen Zügen, was du wahrnimmst. Diese Übung wiederholst du so oft wie möglich, beim Einschlafen, beim Aufwachen, wann immer du daran denkst.

Mangel oder Fülle – Du hast die Wahl!

Wenn sich in deinem Kopf das Sorgenrad dreht und deine Gedanken um Mangel und Notstand kreisen, kannst du jederzeit einen anderen Blickwinkel einnehmen, die ganz bewusste Ausrichtung deiner Gedanken auf die Fülle des Lebens.

IMPULS FÜR DICH

Sobald dein »Innerer Beobachter« merkt, dass ein gedankliches Notstandsszenario einsetzt, weil dir gekündigt wurde oder Geldbeträge ausbleiben, mit denen du fest gerechnet hast, dann ist es besonders wichtig, dem Mangeldenken entgegenzuwirken, indem du laut sagst: »Stopp! Was denke ich da eigentlich?« Sonst manifestiert sich dieser Notstand in deinem Leben.

Stattdessen lässt du motivierende Bilder deiner Vision in dir lebendig werden und gibst deiner Gedankenwelt die Gelegenheit, noch einmal neu in dir zu entstehen. So vollziehst du eine Korrektur deines Gedankenflusses in Richtung Fülle. Und du schaffst einen Resonanzraum in deinem Inneren, der es ermöglicht, Wohlstand in dein Leben zu ziehen, eine gute bezahlte Arbeitsstelle oder neue lukrative Aufträge.

Übung

Halte Ausschau nach deiner Vision und bringe deinen Leuchtturm zum Strahlen, mit allen dir zur Verfügung stehenden Mitteln, mit deinen Gedanken und Gefühlen, deinen Sinneswahrnehmungen und mit der Kraft deines Herzens. Genieße es mit jeder Faser deines Seins, in deinem Leuchtturm zu sein, und atme in tiefen, entspannten, kraftvollen Zügen durch dein Herz ein und wieder aus. Du kannst mit einem sanften Klopfen auf das Brustbein deine Thymusdrüse stimulieren und beim Ausatmen ein, zwei, drei Minuten lang ein wohlklingendes, volles Aahhh ertönen lassen. Das öffnet und stärkt deinen Herzensraum und es setzt frische Energie frei. Jetzt bist du ein Schöpfer, ein aktiver Gestalter deiner Wirklichkeit, in voller Eigenverantwortung.

WAS DU DABEI GEWINNST: Ist deine Vision stark genug, hilft sie dir, sowohl Krisenzeiten als auch die Höhepunkte deines Lebens mit Gelassenheit und innerem Abstand zu erfahren. Du hebst nicht mehr ab und wirst übermütig angesichts deiner Erfolge. Und du verlierst dich nicht mehr in unerwünschten Begebenheiten des Alltags, die sich ohnehin ständig verändern. Ebenso wenig reibst du dich an Kleinigkeiten auf, die unentwegt kommen und gehen. Du wirst innerlich frei, gelassen und bist nicht mehr so abhängig von den äußeren Umständen. Je mehr Wohlbefinden, Genuss und Lebensfreude du in deinem Inneren erzeugst, desto mehr Fülle entsteht in deinem Leben.

Wenn sich Freunde von dir abwenden, wenn sich im Außen alles entzieht und dein Einsatz nicht die erhofften Früchte trägt, ist es sehr hilfreich, dich auf den relativen Wohlstand zu besinnen, den du im aktuellen Augenblick hast. In aller Regel wirst du feststellen, dass du dich in einem sicheren Zuhause mit gefülltem Kühlschrank befindest und dass es in diesem Moment überhaupt keinen Grund gibt, unter Existenzängsten zu leiden. Der Anteil unserer Persönlichkeit, der sich Sorgen macht, ist immer unser von Gedanken getriebenes Ego. Das Gehirn speist seine Befürchtungen aus negativen oder unverarbeiteten Erfahrungen der Vergangenheit. Und es lässt unser Ego ängstlich in die Zukunft blicken, weil es sich nach Sicherheit sehnt. Doch wir Menschen können nichts festhalten. Alles ist in ständiger Bewegung und verändert sich unentwegt.

IMPULS FÜR DICH

Wenn du in eine Krise gerätst, weil nicht alles so läuft, wie du es dir vorgestellt hast, ist es hilfreich, den Wohlstand anzuerkennen, der den jetzigen Moment ausmacht, und dankbar für alles zu sein, was da ist. In diese Fülle kannst du dich versenken. Du kannst dich hineindehnen, darin ausstrecken und dich an dem nähren, was der Augenblick für dich bereithält.

Gerade dann, wenn es in deinem Kopf eng wird, ist es besonders wichtig, dem Mangeldenken bewusst entgegenzuwirken und durch den Genuss dessen, was aktuell vorhanden ist, einen Resonanzraum in dir zu erzeugen, der das in dein Leben einlädt, was dir wichtig ist. Mit deinem entspannten Loslassen erschaffst du eine Energie der Fülle. Gleiches zieht Gleiches an. Nach dem Resonanzprinzip wird sich im Außen früher oder später verwirklichen, was du in deinem Inneren als Voraussetzung geschaffen hast.

Wenn es dir gelingt, in deiner Vorstellung einen Leuchtturm zu errichten und deine Vision immer wieder zum Strahlen zu bringen, wirst du von deinen Mitmenschen stärker wahrgenommen. Gut sichtbar verbreitest du helles Licht, das anderen als Orientierung dient, und wirst auch für sie zum Leitstern – von innen nach außen.

Die Zeit für Veränderung ist stets *jetzt*. Wenn du dich gedanklich zu oft in der Vergangenheit oder Zukunft aufhältst, verbaust du dir die Chance, hier und heute gezielt Einfluss zu nehmen und deine Wirklichkeit eigenverantwortlich zu gestalten. Fühle tief in dich hinein und gib deinen Herzenswünschen Raum, damit sie in dir lebendig werden können. Alles, womit du dich beschäftigst, was deine Zuwendung bekommt und deine Aufmerksamkeit, das verstärkt sich. Es wird größer, intensiver und deutlich wahrnehmbarer – und letztlich wird es Realität! Richte dein Mindset auf deine Zielinhalte und Visionen aus, sooft du daran denkst. Nach dem Resonanzprinzip wird sich im Außen früher oder später verwirklichen, was du in deinem Inneren als Voraussetzung geschaffen hast. Mache dich am besten jetzt mit deiner Kraft der Imagination vertraut! Die Übungen zur Stärkung deiner »Inneren Kompetenz«, die du im zweiten Buchteil findest, unterstützen dich dabei, immer öfter in der Gegenwart zu sein.

1.4 Fokus:
Wie du gelassen und konzentriert ans Ziel gelangst

Ein disziplinierter Geist ist entscheidend für deinen Erfolg. Willst du Probleme lösen oder Ziele erreichen, kommst du nicht umhin, dich zu konzentrieren und über einen längeren Zeitraum mit vollem Engagement einer Tätigkeit nachzugehen. Dennoch sind wir Menschen nur allzu bereit, uns ablenken zu lassen. Wir schieben wichtige Aufgaben vor uns her, verlieren uns in Details oder versuchen, mehrere Herausforderungen auf einmal zu bewältigen. Nur wer hochmotiviert ist, kann seine Energie bündeln und mit großer Konzentration der Tätigkeit nachgehen, die unmittelbar zum Ziel führt. Je fokussierter du auf dein Ziel zusteuerst und je besser du dir vorstellen kannst, es bereits erreicht zu haben, desto mehr richten sich die Umstände des Lebens danach aus. Nach einer Phase zielklarer und punktgenauer Konzentration ist es wichtig, den Fokus wieder zu weiten und dich zu entspannen. Am besten kommst du voran, wenn du mit intensiver Leidenschaft auf dein Ziel gerichtet bleibst und zugleich zu unerschütterlicher Gelassenheit fähig bist. Wenn du lernst, diesen scheinbaren Widerspruch in dir zu vereinen, kannst du alles erschaffen, was dein Herz begehrt.

Fokussierte Aufmerksamkeit als Erfolgsfaktor

Aufmerksamkeit ist eine der lebensnotwendigen Leistungen des menschlichen Gehirns und eine unserer wichtigsten Ressourcen, um Dinge auch tatsächlich zu erledigen. Ob im Beruf, im Straßenverkehr oder im Haushalt, wir alle müssen täglich für mehrere Stunden wach und konzentriert unsere Aufgaben verrichten, ohne von anderen Dingen abgelenkt zu werden. Je nachdem, wie stark und wie lange wir den Fokus halten können, fallen die Ergebnisse unterschiedlich aus.

In unserer Informationsgesellschaft ist fokussierte Aufmerksamkeit zu einem entscheidenden Faktor geworden. Wir sind gezwungen, scharf zu selektieren oder wegzulassen. Das aber fällt uns schwer, denn Aufmerksamkeit ist immer auch abhängig von den Sinneseindrücken der Umgebung. Unser Gehirn sucht ständig nach neuen Reizen – das war für unsere Vorfahren überlebenswichtig. Jeder Schatten konnte ein Greifvogel sein, jedes Knacken ein sich anpirschender Tiger, jede flüchtige Bewegung eine giftige Schlange oder ein köstliches Kaninchen. Sind es attraktive Reize, die unsere Interessen und Motive wecken, stellt das Gehirn automatisch Anknüpfungspunkte zur Verfügung. Es ist ständig auf der Suche nach bekannten Mustern, um neue Informationen besser in bereits vorhandene einordnen zu können.

Obwohl das Gehirn nicht dafür geschaffen ist, mehrere komplexe Aufgaben zeitgleich zu erledigen, sind wir in unserer schnelllebigen Welt ständig versucht, genau das zu tun. Wir verfassen unseren Wochenplan, während im Hintergrund das Radio spielt. Unser Telefon klingelt, weil wir einen wichtigen Anruf erwarten, gleichzeitig landen E-Mails in der Mailbox, die baldmöglichst beantwortet sein wollen. Und selbst in der Mittagspause legen wir das Mobiltelefon nicht aus der Hand, stattdessen reflektieren wir mit einem Kollegen die nächsten Arbeitsschritte, noch während wir unsere Mahlzeit zu uns nehmen.

Dabei ist Multitasking ineffizient und führt leicht zu Fehlern, weil unsere Aufmerksamkeit ständig zwischen den Aufgaben hin und her springt. Obwohl wir bereits mit dem zweiten Thema beschäftigt sind, verweilt unsere Aufmerksamkeit noch beim ersten und umgekehrt. Wenn wir zum Beispiel unsere tägliche Dosis Tabletten einnehmen, aber zugleich auf einen Mobilanruf reagieren, kann es uns passieren, dass wir anschließend nicht mehr wissen, ob wir das Medikament tatsächlich zu uns genommen haben oder nicht.

MERKSATZ: Fokussierte Aufmerksamkeit ist mit einem Scheinwerfer vergleichbar, der nur einen einzigen Gegenstand beleuchtet, sodass wir ihn näher betrachten können, alles andere bleibt im Dunkeln und wird ausgeblendet.

Je nach Einstellung des Scheinwerfers verändert sich die Größe des Sichtfeldes. Wird der Fokus breit, sehen wir das ganze Bild, wird er eng, nehmen wir nur einen Bildausschnitt wahr. Wir können nicht nur entscheiden, in welche Richtung wir unseren Fokus lenken, wir haben auch die Wahl, ob wir mit entspanntem Blick das gesamte Blumenfeld sehen oder ob wir die einzelne Blume im Detail betrachten, scharf und punktgenau wie eine Kamera mit kleiner Blende. Diese Entscheidungsfreiheit ist uns jedoch meistens nicht bewusst. Anstatt die verlockenden Speisen auf dem Tisch wahrzunehmen, entdecken wir einen störenden Fleck auf dem Tischtuch. Anstatt uns über alles zu freuen, was wir bereits gleistet haben, denken wir an das, was noch unerledigt vor uns liegt.

In der Optik bedeutet das Wort Fokus »Brennpunkt«, im Lateinischen (*Focus*) steht es für »Feuerstätte« und »Herd«. Bis heute ist in vielen Haushalten die Küche der Mittelpunkt des Geschehens. Sie bildet das Zentrum der häuslichen Gemeinschaft, den Ort, wo alle zusammenkommen. Wenn wir unseren Fokus gezielt auf etwas richten, es sorgfältig in den Blick nehmen, dann handelt es sich um etwas Wesentliches, um den Kern einer Sache, dem wir besondere Beachtung schenken.

Ist es das aktuell Wichtigste in unserem Leben, dem unser einziges Interesse und Augenmerk gilt, steht es für uns »im Fokus«. Dann sind wir hochmotiviert und es fällt uns leicht, uns intensiv und anhaltend darauf zu konzentrieren. Auch Kinder bleiben voller Spannung bei der Sache, wenn man sie etwas spielen oder erforschen lässt, das sie begeistert.

Konzentrationsfähigkeit ist erlernbar

Konzentration ist eine geistige Anstrengung, die Energie erfordert und nur zeitlich begrenzt möglich ist. Entgegen der Auffassung vieler Menschen wird sie uns nicht in die Wiege gelegt. Wir müssen sie wie Skifahren oder Surfen zunächst erlernen und üben. Das geschieht in einem Entwicklungsprozess, den der Mensch zuerst im Kindergarten und dann in der Schule durchläuft. Erwachsene können sich unabhängig von ihrer Intelligenz bis zu 90 Minuten am Stück konzentrieren, was langfristig ausbaufähig ist.

Im Yogakontext spricht man von der Kraft des Geistes, die durch Meditation, Atem- und Körperübungen trainiert werden kann. Die Sanskritwurzel *yuj*, die dem Wort Yoga zugrunde liegt, bedeutet »anjochen«. Der Yogi strebt danach, seinen Geist unter Kontrolle zu bringen. Verfügt er über eine starke Konzentrationsfähigkeit und den notwendigen Willen, ist er in der Lage, seine Gedanken »vor ein Joch zu spannen«, das heißt, sie zu zügeln, zu beruhigen und kontrolliert zu lenken. Dasselbe gilt für den Einfluss auf den Atem.

Unser Gehirn produziert täglich ungefähr 60.000 Gedanken. Wenn wir uns also auf eine Sache konzentrieren wollen, dann gibt es immer noch 59.999 andere Gedanken, die uns davon ablenken können. Wir alle erleben Zeiten, in denen es unmöglich ist, uns total auf eine Tätigkeit einzulassen. Die Gedanken kreisen um das vergangene Wochenende, um einen ungeklärten Streit mit dem Partner oder die geplante Geschäftsreise.

Vor allem nach einem langen, anstrengenden Tag fällt es schwer, uns auf die letzte Vorlesung, den Sprachkurs am Abend oder das Meeting nach Feierabend zu konzentrieren. Ein stressiger Alltag im Sitzen, Sauerstoffmangel und schädliche Verlockungen wie Kaffee, Nikotin oder Alkohol sind die häufigsten Gründe für ein Absinken der Gehirnleistung. Eine Bewegungspause an der frischen Luft und kräftiges Durchatmen, um neue Energie zu tanken, wirken dann Wunder. Beste Voraussetzungen schaffst du durch erholsamen Schlaf und eine gute Tagesform. Eine gesunde Lebensweise, regelmäßige Bewegung und eine ausgewogene Ernährung sind weitere entscheidende Faktoren für die Steigerung deiner Kondition und Konzentration.

Wenn dir Erfolg und Leistung wichtig sind, dann kommst du nicht daran vorbei, dich von liebgewonnenen Gewohnheiten zu lösen. Vielmehr geht es darum, neue Gewohnheiten zu entwickeln, die dich dabei unterstützen, möglichst fokussiert zu sein. Arbeitest du viel am Computer? Dann lasse doch hin und wieder den Blick in die Ferne schweifen. Das entspannt nicht nur deine Augen, sondern es erfrischt auch deine Gedanken und fördert die Konzentration. Baue regelmäßig Pausen in deinen Tagesablauf ein und trinke viel klares, energetisiertes Wasser. Schaffe dir immer wieder computerfreie Zeiten, so beugst du auch Stress und »digitaler Erschöpfung« vor. Bewusst gewählte Zerstreuung hilft dir, bei aller Fokussierung nicht zu verkrampfen. Wenn du dir ab und zu eine Auszeit der Muße und des Loslassens gönnst, konzentrierst du dich anschließend umso leichter.

Übung

Eine einfache Methode, dich immer wieder auf den gegenwärtigen Moment zu besinnen, besteht darin, dich mit deinem Atem zu verbinden. Wenn du bemerkst, dass deine Gedanken zu wandern beginnen und deine Konzentration nachlässt, dann lege einfach deine Hände auf den Bauch und nimm wahr, wie dein Atem kühl zur Nase einströmt und warm wieder aus. Stelle beide Füße auf den Boden und schließe die Augen. Ein paar tiefe, entspannte Atemzüge und der wiederholte Gedanke »Ich bin hier!« holen deine Aufmerksamkeit so-

> fort und auf sanfte Weise in die Gegenwart zurück. Anschließend widmest du dich konzentriert deiner Tätigkeit, und sobald deine Gedanken erneut wandern, wiederholst du die Übung. Am Anfang wirst du feststellen, dass dein Geist leicht und häufig abschweift, doch mit der Zeit ist er weniger flüchtig und bleibt länger fokussiert.

Konzentration statt Verzettelung

Kennst du das? Du hast ein Projekt noch nicht richtig abgeschlossen, schon kreisen zehn weitere Ideen in deinem Hinterkopf, die du am liebsten sofort in die Tat umsetzen würdest. Dann läufst du Gefahr, dich zu verzetteln, und weißt nicht mehr, wo dir der Kopf steht, deine Aufmerksamkeit ist regelrecht zersplittert. Am Ende mühst du dich ab, ohne jedoch wirklich voranzukommen. Die Erschöpfung ist unter Umständen groß, aber der Effekt bleibt unbefriedigend. Vermutlich wärst du erfolgreicher gewesen, wenn du Prioritäten gesetzt und dich auf das Wesentliche konzentriert hättest.

Uns immer nur einer Sache zu widmen, ist der kürzeste Weg, um möglichst viel zu erledigen. Nicht jeder ist ein Universalgenie wie Goethe oder Leonardo da Vinci. Anstatt uns mit vielen »Baustellen« gleichzeitig zu beschäftigen, kommen wir weiter, wenn wir uns auf unsere Ziele ausrichten. Ein Blick auf die physikalischen Zusammenhänge zeigt, dass ein Widerstand mit geringem Aufwand überwunden werden kann, wenn man die angewandten Kräfte bündelt. Muss etwas durchdrungen oder getrennt werden, kommen wir mit einem spitzen, scharfen Werkzeug weiter als mit einem stumpfen. Denken wir nur an einen Keil oder eine frisch geschliffene Klinge.

MERKSATZ: Ganz gleich, ob es sich um einen Gegenstand handelt oder um Kräfte körperlicher und geistiger Natur: Die Frage, ob wir unsere Energie bündeln können oder nicht, entscheidet darüber, welche Wirkung wir erzielen und wie gut wir Hindernisse überwinden.

Ein großes Hindernis unseres fokussierten Handelns ist der negative Glaubenssatz »Ich habe keine Zeit!« Doch wenn wir genau hinsehen, sabotieren wir uns mit einem geschäftigen Alltag, anstatt unsere Zeit für die Tätigkeiten zu nutzen, die uns wirklich voranbringen. Wir lassen uns ständig ablenken oder wechseln häufig zwischen verschiedenen Aufgaben. Mit anderen Worten: Wir setzen nicht wirklich Prioritäten.

Geht es darum, etwas zu tun, das uns unserem Ziel näherbringt, zum Beispiel visualisieren, meditieren oder eine Hypnose-CD hören, dann haben wir schnell das Gefühl, eine halbe Stunde ist schon reichlich, eine volle Stunde können wir heute nicht erübrigen, zwei Stunden sind völlig ausgeschlossen. Auf der anderen Seite aber widmen wir uns bereitwillig Tätigkeiten, die uns von unserem Vorhaben abbringen: Wir putzen die Küchenschränke, widmen uns der Bügelwäsche oder dem Unkraut im Garten. Uns dafür die Zeit zu nehmen, finden wir völlig normal, selbst wenn es drei Stunden oder noch länger dauert. Weshalb tun wir das? Warum beschäftigen wir uns nicht mit dem Wesentlichen, sondern mit nebensächlichen Dingen auf Kosten unserer wertvollen Zeit?

Das Gehirn sucht nicht nur konstant nach neuen Reizen, sondern es will auch Belohnung. Wenn wir eine Aufgabe erledigen und zum Abschluss bringen, fühlen wir uns gut. Für unsere Vorfahren bedeutete das, ein unverzichtbarer Teil der Gemeinschaft zu sein. Ob wir nun die Steuererklärung erledigt haben oder mit einem Schrank voll gebügelter Hemden aufwarten können, macht für unsere Hormonausschüttung keinen Unterschied, in beiden Fällen wird im Gehirn das Belohnungszentrum aktiviert und es setzt das Glückshormon Dopamin frei. Das erklärt, weshalb wir uns lieber um all die Dinge kümmern, die sich rasch erledigen lassen, auch wenn sie nicht wirklich vorrangig sind.

Gerade weil in unserer digitalen Welt vieles so komplex, vernetzt und interaktiv ist, hat das Thema Fokussierung an Bedeutung gewonnen. Rastlos und getrieben sind wir nur allzu bereit, uns ablenken zu lassen. Läuft im Hintergrund ständig ein Fernseher, um damit Sorgen zu übertönen und Einsamkeit oder Langeweile auszublenden, fällt es uns immer schwerer, reizarme Ruhe auszuhalten. Je regelmäßiger wir uns im täglichen Ablauf durch eine Flut von Reizen ablenken lassen, desto süchtiger wird unser Gehirn danach. Vielleicht wollen wir Gefühle von Leere oder Niedergeschlagenheit, Unsicherheit oder Überforderung überspielen, damit wir sie nicht fühlen müssen. Jeder Impuls von außen bedeutet eine kurzfristige Abwechslung und Beruhigung. So kann Ablenkung zur Sucht werden und wir brauchen immer stärkere, immer schnellere Reize.

Früher bestand weniger Gefahr, seine Kräfte zu zerstreuen, – weder die Hebamme bei der Geburt eines Kindes noch der Bauer auf dem Feld oder der Schmied an seiner Feuerstätte waren den Versuchungen der Verzettelung so ausgesetzt, wie sie für uns Menschen heute typisch sind. Es gab wenig Gelegenheit, einfach auszuweichen, umzusatteln und etwas Neues zu beginnen oder sich abzulenken, sobald das Leben zu mühsam wurde.

Heute geht es eher darum, vieles unerledigt zu lassen und Unwichtiges abzuwehren, dafür jedoch auf bevorzugten Gebieten die gewünschten Ergebnisse zu erzielen. Alles andere muss warten. Wenn wir uns ein Ziel gesetzt haben, auf das wir uns konzentrieren, bringt dies immer wieder mit sich, dass wir auf Dinge verzichten müssen. Angenommen wir sind mit dem Haushalt für eine mehrköpfige Familie und der Erziehung unserer Kinder ausgelastet und wollen zusätzlich ein Studium absolvieren, das unseren Ansprüchen genügt, dann müssen wir eine Zeitlang auf ausgedehnten Urlaub verzichten. Alles gleichzeitig geht nun einmal nicht.

> **IMPULS FÜR DICH**
>
> Um dir über deine Prioritäten klar zu werden, kannst du deine persönliche To-do-Liste anfertigen, die erreichbare Tagesziele enthält. Teile aufwendige oder umfangreiche Arbeiten in kleine, tägliche Schritte auf und hake alle fertiggestellten Aufgaben auf deiner Liste als erledigt ab. Plane immer einen Zeitpuffer für Tätigkeiten ein, die während des Arbeitsprozesses zusätzlich anfallen können. Und vergiss nicht, dich mit regelmäßigen Erholungspausen zu belohnen.

Fokussiere dich auf deine Ziele

Erfolg ist die Folge der richtigen Geisteshaltung, kraftvoller Entscheidungen und des Tuns. Es gibt Menschen, die ihre gesamte Energie bündeln, um das zu erreichen, was ihnen im Berufsleben wirklich wichtig ist. Sie scheuen keine Mühen und schaffen es, sich möglichst oft auf das zu fokussieren, was sie ihren Zielen näherbringt. Denke, fühle und handle auch du möglichst zielklar und zielbewusst. Mit Hilfe deiner Geisteskraft kannst du praktisch alles ins Leben rufen – du musst nur wissen, was genau du willst. Deine Ziele zu kennen, hilft dir, den Fokus darauf zu richten, und der wiederum beeinflusst deine Realität. Wenn du deine Aufmerksamkeit auf etwas lenkst, nimmt es größeren Raum in deinem Leben ein. Wendest du die Aufmerksamkeit wieder ab, so löst es sich auf und verschwindet. Daher laufen Menschen, die gänzlich ohne Ziele vor sich hintreiben, Gefahr, sich zu verlieren und an Orten wiederzufinden, wo sie nie hinwollten.

Erstaunlich viele Menschen wissen zwar, was sie *nicht* wollen, aber nur wenige sind in der Lage, ein klares Zielbild zu formulieren und auf den Punkt zu bringen. Sie können nicht sagen, was sie anstreben und in Zukunft für sich erreichen wollen. Selbstständige klagen oft über zu viel Stress und zu wenig Freizeit, doch sie entwickeln keine Strategie zur Verhaltensänderung. Dabei könnten sie einen Plan entwerfen, wie sie im Alltag mehr Platz für Pausen schaffen. Damit wären sie während der Arbeitszeit fokussierter und so effektiv, dass sie womöglich mehr Umsatz machen und so auch mehr freie Zeit für sich in Anspruch nehmen können.

Die meisten Hindernisse auf dem Weg zum Erfolg erschaffen wir selbst. Wenn du dich in deinem Leben auf die Dinge konzentrierst, die nicht gut laufen, wirst du viel davon wahrnehmen und umgekehrt. Hast du das auch schon erlebt? Angenommen du lenkst deine Aufmerksamkeit auf das Thema Konkurrenz, dann vermutest du in deinem Umfeld plötzlich lauter Mitbewerber. Oder du hast vor, dir die Haare rot zu färben, dann siehst du auf einmal rothaarige Menschen. Du willst einen Pullover stricken und plötzlich strickt jeder in deiner Umgebung. Sobald du dich bewusst mit deinen Zielen auseinandersetzt, werden dir Personen, Situationen, Bücher oder Filme begegnen, die mit genau dieser Thematik zu tun haben. In deinem Umfeld ist bereits alles vorhanden, doch es braucht deine klare Ausrichtung auf ein bestimmtes Thema, damit du es auch wirklich erkennst.

> **MERKSATZ:** Ziele sind wie Magneten. Je öfter wir uns darauf konzentrieren und je besser wir uns vorstellen können, unser Ziel erreicht zu haben, desto mehr richten sich die Umstände des Lebens danach aus.

Ist deine Entscheidung getroffen und bist du klar fokussiert, fügen sich die äußeren Gegebenheiten auf dem Weg dorthin. Gleichzeitig üben deine Visionen und Zielsetzungen eine magische Anziehungskraft auf dich und deine Umgebung aus, vor allem wenn andere deinen Elan und deine Begeisterung spüren. Je attraktiver, herausfordernder und spannender deine Vorhaben sind, desto kraftvoller wird der Fokus. Und worauf du deinen Fokus lenkst, das verstärkt sich! Ein spannendes Spiel der Kräfte, nicht wahr?

IMPULS FÜR DICH

Eines der wichtigsten Ziele, die du dir in diesem Zusammenhang setzen kannst, ist deine Konzentration auf die Gegenwart, denn sowohl das Reflektieren der Vergangenheit als auch das Visualisieren der Zukunft findet im Hier und Jetzt statt, ebenso deine tägliche Arbeit am Erreichen dessen, was du dir vorgenommen hast. Wenn dein langfristiges Ziel lautet, dir einen Gemüsegarten anzulegen, dann planst du im Hier und Jetzt jeden einzelnen Schritt dorthin. Du liest im Gartenratgeber, um dich gut zu informieren, du kaufst die Erde, den Dünger und säst die Samen aus. Je bewusster und hingebungsvoller du das tust, indem du es mit wachen Sinnen wahrnimmst und genießt, desto befriedigender gestaltet sich dein Weg, bis du schließlich die Ernte einholst.

Die Fähigkeit, sich willentlich auf Zielsetzungen zu fokussieren, kann sich jeder gesunde Mensch aneignen. Letztlich verhält es sich mit deiner konzentrierten Ausrichtung wie mit einem Muskel: Wer regelmäßig übt, wird mental stärker und sieht auch schon bald Ergebnisse. Alles, was heute groß ist, hat einmal klein begonnen. Jeder noch so mächtige Baum war zu Beginn seines Daseins ein kleiner Trieb. Doch bereits dieser kleine Trieb hatte das Ziel, ein großer und mächtiger Baum zu werden.

Deshalb frage ich dich: Erlaubst du es dir, groß zu denken? Weißt du, was du wirklich willst? Lebt dein Traum tief in deinem Herzen? Und nicht zuletzt, wofür und weshalb nimmst du all die Mühe auf dich? Wenn du etwas denkst, es fühlst und es dir vorstellen kannst, lässt es sich auch verwirklichen. Wenn du etwas von Herzen willst, wirst du es erreichen. Wenn du das Motiv für deine Ziele kennst, findest du den Weg dorthin!

Übung

Stelle zielführende Fragen an dich selbst:

- Bin ich entschlossen, für das Erreichen meiner Ziele alles zu geben?
- Was denke und fühle ich tief im Innern über Erfolg?
- Erfüllt mich das, was ich anstrebe, mit Leidenschaft und Begeisterung?
- Sind meine geplanten Aktivitäten so ausgerichtet, dass sie für mich arbeiten und nicht gegen mich?
- Übernehme ich die volle Verantwortung für mein Leben und mein persönliches Wachstum?

Ein scheinbarer Widerspruch

Alles kommt und geht, entsteht und vergeht. In dieser Bewegung des Werdens und Sterbens begegnen wir dem Prinzip der Polarität, das wir vor allem in der Natur so deutlich wahrnehmen können: Wir erleben Tag und Nacht, Licht und Schatten, Kälte und Wärme. Alles hat einen natürlichen Rhythmus, der zwischen zwei Polen schwingt. Nach dem Ausatmen folgt das Einatmen. Leben wird geboren, wächst heran und stirbt, nur um neu geboren zu werden.

Was beginnt, das endet auch wieder. Nichts bleibt ewig bestehen. In schwierigen Zeiten ist das ein großer Trost, denn wir wissen, dass auch diese Situation dem Wandel unterliegt. In allen Manifestationen des Universums zeigt sich ein Aufsteigen und Absinken, ein Vorwärts- und Rückwärtsschreiten, ein Sich-Ausdehnen und Zusammenziehen. Die Bewegung des Pendels nach rechts bestimmt das Ausmaß seiner Bewegung nach links. Phasen der Aktivität wechseln mit Phasen der Ruhe und Entspannung – und ergeben so gemeinsam Harmonie.

Gerät etwas aus seinem natürlichen Rhythmus, werden Kräfte wirksam, deren Aufgabe es ist, das Gleichgewicht wiederherzustellen. Je länger und intensiver wir an einem Pol festhalten und damit den naturgegebenen Fluss der Energien behindern, desto stärker wird die Reaktion der harmonisierenden Kräfte sein. Das Gesetz des Rhythmus bewertet nicht, es benennt nicht einen Zustand als »gut« und den jeweils anderen als »schlecht«. Seine Aufgabe besteht darin, die Dinge in ihrer natürlichen, ausgewogenen Bewegung zu halten.

Alles entwickelt sich innerhalb dieser Pendelbewegungen. Kein Zustand ist auf Dauer zu halten. Es ist sinnlos, sich gegen das Auf und Ab des Lebens zu wehren. Niemand kann anhaltend nur Erfolge einholen. Misserfolg ist der Pol, der den Erfolg überhaupt erst möglich macht. Und je größer der Widerstand gegen unsere Verluste ist, desto mehr behindern wir die Gegenbewegung, die uns wieder in die Gewinnzone führt.

> **IMPULS FÜR DICH**
>
> Den Rhythmus von Anspannung und Entspannung kannst du dir auch bei der Fokussierung deiner Ziele nutzbar machen. Die Kunst besteht darin, dich nach Zeiten der Anstrengung innerlich zurückzulehnen, damit deine Arbeit zur Wirkung kommen kann. Nach einer Phase zielklarer und punktgenauer Konzentration weitest du deinen Fokus wieder und gewinnst etwas Abstand zu dem, was du vorhast. So kannst du eine neutrale Perspektive einnehmen und deinen Entwicklungsprozess in Richtung Ziele im Ganzen erfassen. Das schenkt dir ein Stück Gelassenheit und du läufst nicht Gefahr, dich restlos zu verausgaben oder etwas erzwingen zu wollen. Mit Mühe und Anstrengung kannst du weit kommen, doch zu einem hohen Preis. Häufig heißt dieser Preis dauerhafter Stress, Herzinfarkt und ein angegriffenes Immunsystem.

Auch wenn es zunächst paradox klingt, betone ich an dieser Stelle noch einmal, dass wir am weitesten kommen, wenn wir mit intensiver Leidenschaft auf unser Ziel gerichtet bleiben und gleichzeitig zu unerschütterlicher Gelassenheit fähig sind.

WAS DU DABEI GEWINNST: Wenn du lernst, diesen scheinbaren Widerspruch in dir zu vereinen – mit leidenschaftlicher Intention den Fokus auf deine Ziele zu halten und zugleich gelassen in der Gegenwart zu leben – kannst du dein Leben nach deinem Wunsch gestalten. Das gelingt dir nur, wenn du deine Fixierung auf das mögliche Ergebnis aufgibst, die starre Bindung auf ein bestimmtes Resultat. Dann bist du nicht mehr gänzlich mit einer Zielvorstellung identifiziert, »wann, wo und wie etwas konkret zu sein hat«, sondern du gibst den Dingen Raum, damit sie sich frei entfalten können. Du lehnst dich innerlich entspannt zurück und überlässt es dem Universum, sich um die Details zu kümmern.

Dieses bewusste Loslassen erfordert tiefes Vertrauen in deine Schöpferkraft und in das Leben, vor allem in die Überzeugung, dass zielgerichtete Intention die stärkste Kraft hinter deinen Wünschen ist. Beides bewirkt, dass sich die Dinge verändern können. Bewusstes Loslassen beinhaltet auch die Gewissheit, dass alles, was du dir wünschst, bereits auf dich wartet. Wenn du als geduldiger Entdecker reist und dabei jeden Augenblick des Lebens genießt, auch wenn du den Ausgang deiner Mühen noch nicht kennst, lebst du in der »Weisheit der Unsicherheit«. In dieser spielerischen Erwartungslosigkeit öffnet sich das Feld aller Möglichkeiten und du darfst erleben, dass die Dinge auf unbekannten Wegen, über ungeahnte Kontakte oder in Form überraschender Ereignisse genau dann in dein Leben treten, wenn die Zeit dafür reif ist.

Soweit deine Herzenswünsche und Zielsetzungen dem Wohl aller Menschen dienen, kannst du dich voller Zuversicht dem Leben anvertrauen und dich auf die Geschenke freuen, die es für dich bereithält. Erfolg und gutes Gelingen werden von einem natürlichen Bewusstsein der Fülle magnetisch angezogen. Es geht nicht nur um die Frage, ob du es verdient hast, erfolgreich zu sein, sondern auch darum, ob du in der Lage bist, die Fülle anzunehmen, die dich tagtäglich umgibt, und sie mit anderen zu teilen. Überall in der Natur ist Überfluss, das Universum bringt fortwährend eine Vielfalt an Farben und Formen hervor. Jeder Regen besteht aus unzähligen Wassertropfen und nachts leuchten Milliarden Sterne am Himmel. Fülle ist ein natürlicher Zustand.

Die Frage, ob du deine Energie bündelst oder nicht, entscheidet darüber, welche Wirkung du erzielst und wie gut du Hindernisse überwindest. Der größte Fortschritt wird erst möglich, wenn du kontinuierlich und mit vollem Engagement bei deinem Tun verweilst, ohne dich ablenken zu lassen.

IMPULS FÜR DICH

Bewusst gewählte Zerstreuung hilft dir, bei aller Fokussierung nicht zu verkrampfen. Gönne dir immer wieder Zeitfenster des Loslassens, Tagträumens und der Muße, anschließend fällt dir das Konzentrieren umso leichter. Gehe den Beschäftigungen nach, bei denen du dich gut fühlst und nimm den Reichtum der Welt wahr. Blicke dich um und sieh, was alles da ist! Erlebe und genieße die Fülle, die dich umgibt. Denke, sprich und handle aus der Wahrnehmung dieser Fülle heraus, so öffnet sich der Resonanzraum dafür, dass Erfolg und Zufriedenheit in dein Leben treten können.

Weitere Impulse, Inspiration und praktische Anleitungen für mehr geistige Wachheit, Präsenz und Schöpferkraft, die du mit wenig Zeitaufwand in deinen beruflichen oder privaten Alltag integrieren kannst, findest du im zweiten Teil dieses Buches.

1.5 Tatkraft:
Wie du in die Umsetzung deiner Vorhaben kommst

Dein Warum ist der wahre, starke und emotionale Beweggrund, der dir täglich den Antrieb schenkt, um auf langer Strecke durchzuhalten und die Hürden zu meistern, die dir auf dem Weg zum Ziel zwangsläufig begegnen. Kommt deine Motivation tief aus dem Herzen, entwickelst du ungeahnte Energien. Sobald das Feuer der Leidenschaft in dir brennt, schenkt es dir Willensstärke und die Tatkraft, dich täglich für das Erreichen deiner Ziele einzusetzen, ganz gleich ob auf privater oder beruflicher Ebene. Freude am Tun und eine gut durchdachte Strategie unterstützen dich dabei, konsequent umzusetzen, was du dir vorgenommen hast. Besonders langfristige Ziele erfordern Selbstdisziplin und Durchhaltevermögen. Um nicht auszubrennen, brauchst du regelmäßig Ruhepausen und Phasen des Nichtstuns. Dazu gehört die Bereitschaft, Verantwortung für dein tägliches Wohlbefinden zu übernehmen. Oft genügen Zeitfenster von 15–20 Minuten, um dich mit effektiven Übungen dir selbst zu widmen, Energie zu tanken und leistungsstark zu bleiben. Der Schlüssel zum Erfolg liegt in deiner Geisteshaltung und den Entscheidungen, die du fortwährend triffst – er ist die Folge deines Handelns im Hier und Jetzt.

Freude am Tun

Tatkraft ist die Energie, die wir mit auf die Welt bringen, um etwas zu tun. Voller Neugier und Experimentierfreude entdecken Kinder die Welt. Sie probieren unentwegt Dinge aus und sind völlig in das vertieft, was sie gerade tun. Ob sie Farbe auf einem Blatt Papier verteilen, oder fasziniert die Wände beschmieren, Türme aus Holzklötzen bauen und sie voller Begeisterung wieder umwerfen. Wie alles in der Natur wollen Kinder wachsen und sich entfalten. Dabei machen sie die Erfahrung, etwas auch ohne Hilfe tun zu können. Dieses Gefühl, Dinge eigenständig zu meistern, erfüllt sie mit Freude und ist ein wichtiger Motor für ihre Weiterentwicklung.

> **MERKSATZ:** Von Kindern können wir lernen, spielerisch auszuprobieren, was uns zum Erfolg führt.

Die Liebe zu dem, was wir tun, ist die wohl schönste Motivation, die uns auf dem Weg zum Ziel begleiten kann. Wenn wir die Dinge aus innerem Antrieb, mit Intensität und Hingabe ausführen, wenn wir gänzlich darin aufgehen, sind wir im Flow und voller Lebensfreude. Das gibt uns Kraft, es macht uns fröhlich, unser Inneres wird hell und weit. Freude entsteht in Momenten der Verschmelzung und Verbundenheit. Sie ist Ausdruck unseres Einsseins mit der Natur, mit den Menschen, Vorgängen und mit unseren Handlungen. Wenn wir uns freuen, fühlen wir uns ganz, dann sind wir glücklich und zufrieden.

Das Leben selbst ist uns zugeneigt und sorgt dafür, dass es immer weitergeht. Es liegt an uns herauszufinden, wie wir den Weg zu unserem Ziel am besten gestalten können, damit wir ihn sorglos, leichtfüßig und heiter gehen – mit den Füßen Herbstlaub durch die Luft wirbelnd wie ein Kind. Wir alle tragen Lebensfreude in uns, die jederzeit geweckt werden kann, wenn wir es nur zulassen. Uns im Alltag an unseren kleinen Schritten und Erfolgen zu freuen ist dabei die wirkungsvollste Übung, weil der Alltag uns ständig umgibt. Das bedeutet, auch die Einzelheiten, die uns gelungen sind, achtsam wahrzunehmen, sie nicht nur zu registrieren, sondern mit allen Sinnen zu erleben.

Motivation – Die wichtige Frage nach deinem Warum

Kommt dir das vertraut vor? Du weißt, was du willst. Dein Ziel ist klar und du hast einen gut durchdachten Plan. Voller Schwung und guter Vorsätze machst du dich ans Werk. Du bist hochmotiviert, geradezu euphorisch, und eine Zeitlang gelingt es dir, konsequent an der Umsetzung deines Vorhabens zu arbeiten, doch plötzlich treten Schwierigkeiten auf. Immer wieder kreuzen Hindernisse deinen Weg, es läuft einfach nicht so, wie du es dir vorgestellt hast, und der erhoffte Erfolg bleibt aus. Du bist entmutigt, um nicht zu sagen enttäuscht. Nach einiger Zeit wirst du von Neuem mit Problemen konfrontiert. »Wozu all die Mühe?«, fragst du dich niedergeschlagen und willst aufgeben, noch bevor du das Ziel deiner Anstrengungen erreicht hast.

Hinter den Worten »Wozu all die Mühe?« verbirgt sich die enorm wichtige Frage nach deinem Warum. Gemeint ist der wahre, starke und emotionale Beweggrund, der dir täglich den Antrieb schenkt, um auf langer Strecke durchzuhalten. Folgst du deinem Herzen oder ausschließlich deinem Verstand? Weshalb machst du dich auf den Weg und was willst du damit bewirken? Stammt das Motiv als drängender Wunsch tief aus deinem Inneren (intrinsisch) oder wird es durch äußere Anreize wie Geld, Prestige oder die Erwartungen anderer ausgelöst (extrinsisch)? Ist deine Zielsetzung das Resultat einer Kopfentscheidung oder gibt es eine unbesiegbare Motivationsquelle am Grund deines Seins, die dich antreibt und für die du mehr als hundert Prozent zu geben bereit bist? Und trittst du die bevorstehende »Reise« aus innerer Überzeugung an, voller Sehnsucht, Feuer und Begeisterung?

Wenn du »intrinsisch« motiviert bist, heißt das, du tust etwas, weil es dir Freude bereitet, du einen Sinn darin siehst oder weil die Tätigkeit eine attraktive Herausforderung für dich darstellt. Dann ist dein Handeln als solches die Belohnung, weil es dich zufrieden macht und weil du Spaß daran hast. Anders verhält es sich, wenn du »extrinsisch« motiviert bist, dann tust du etwas, um von außen eine Belohnung zu erhalten: Du machst deinen Partner glücklich, deine Eltern sind zufrieden oder die Gesellschaft betrachtet zum Beispiel deinen Beruf als angesehen.

Oftmals sind die Beweggründe vielfältig: Um dein Gehirn zu trainieren, eignest du dir eine Fremdsprache an, die dir auch beim geplanten Auslandsaufenthalt zugutekommt. Zugleich erwartest du die Bewunderung deines Partners und hoffst auf die Anerkennung deiner Eltern. Letztendlich sind es die intrinsisch motivierten Ziele, die deinem Leben am meisten Sinn und Richtung geben – und die dazu führen, dass du motivierter und auch disziplinierter bist, voller Lust und Freude am Tun.

IMPULS FÜR DICH

Dein Warum ist elementar wichtig, um Hürden zu überwinden und Durststrecken zu überstehen, weil es dir hilft, dir auch in Krisenzeiten den Sinn hinter all deiner Mühe zu vergegenwärtigen. Höre genau hin. Wenn du dem Ruf deiner Seele folgst, zählt nicht mehr die Geschwindigkeit, mit der du dein Ziel erreichst, sondern die Erfüllung, die du bei jedem einzelnen Schritt erlebst. Spüre tief in dich hinein. Wenn du auf dem Weg, für den du dich entschieden hast, dein Herz schlagen fühlst, dann hast du jeden Morgen einen Grund, früh aufzustehen und dein Bestes zu geben.

Ganz gleich, was du vorhast oder wonach du strebst, du solltest die Frage nach deinem Warum mit dem Herzen beantworten können und nicht mit dem Verstand. Wie lautet das Motiv für deine Vision? Aus welchem Grund willst du dein Vorhaben verwirklichen? Was möchtest du damit bewegen? Was treibt dich an? Dein Warum schenkt dir Ausdauer und die Tatkraft, dich täglich für das Erreichen deiner Ziele einzusetzen, ganz gleich ob auf privater oder beruflicher Ebene. Neue Ergebnisse erfordern neue Taten. Dein Warum macht dir Mut, das Neue zu wagen. Es schenkt dir die Offenheit und Neugier, bisher Unbekanntes zu erforschen und dich dabei zu entfalten.

Und es ist der entscheidende Motor, um deinen mentalen Fokus immer wieder auf dein Ziel auszurichten und einen Perspektivenwechsel einzuleiten, wenn dein »Innerer Beobachter« feststellt, dass du vom Weg abgekommen bist und die Frage »Wozu all die Mühe?« auftaucht. Vielleicht stellst du auch fest, dass du dich in Details verzettelt hast und richtest deinen Blick nun wieder aufs Ganze oder umgekehrt: Du widmest einer Einzelheit deine volle Aufmerksamkeit.

Langfristige Ziele erfordern ein besonders hohes Maß an Durchhaltevermögen. Und manchmal müssen wir eine Zeitlang den Rückzug antreten, um Enttäuschungen zu verarbeiten und unsere Wunden zu lecken, bis wir wieder neue Kraft schöpfen können. Wenn du hinfällst, dann bleibe nicht liegen. Fühle dich einfach in deine Herzensvision hinein und bringe deinen Leuchtturm zum Strahlen! Das gibt dir die Energie durchzuhalten, weiterzumachen und allen Hindernissen die Stirn zu bieten, die sich dir in den Weg stellen. Wie heißt es so schön: »Hinfallen, aufstehen, Krone richten und weitergehen!«

Angenommen, es läuft nicht so recht, du hast wenig Elan und bist unsicher, ob du den Weg, den du gewählt hast, weiterhin gehen willst. Um dein Warum zu finden, bieten sich folgende Fragen an:

- Was ist Gutes daran?
- Was bringt es mir?
- Was haben meine Mitmenschen davon?
- Was bedeutet es für meine Zukunft?
- Welche Werte verbinde ich mit meinem Ziel?

Hast du eine klare Vorstellung von deinen Werten, wie etwa Zuverlässigkeit, Disziplin oder Hilfsbereitschaft, und weißt du, wofür du in der Welt stehst? Wenn du diese Frage mit »Ja« beantworten kannst, dann erinnere dich an die Werte, die dir wichtig sind, und überlege, welche sich dazu eignen, sie mit deinem Ziel zu verbinden. Das stärkt deine Motivation, es auch zu erreichen.

> **MERKSATZ:** Unsere innersten Werte haben eine starke Antriebskraft, sie geben unseren Handlungen Sinn und sorgen dafür, dass wir unsere Ziele mit Vitalität verfolgen.

Umgekehrt gilt: Ist der Anreiz nicht groß genug, schiebt sich leicht etwas dazwischen. Möglicherweise handelt es sich um einen tief liegenden Beweggrund, der lautet: »Das ist jetzt ein wichtiger Lernschritt für mich, dabei wachse ich und sammle wertvolle Erfahrungen, die es mir ermöglichen, mein Herzensprojekt zu verwirklichen.« Mache dir klar, was du am Ende erreichen willst, anstatt dich von den aktuellen Schwierigkeiten einschüchtern zu lassen.

Frage dich dann: »Wie kann ich das, was ich zu tun habe, mit mehr Freude machen? Was brauche ich jetzt, um dabei mehr Spaß und Leichtigkeit zu erleben?« Manchmal genügen bereits kleine Kursänderungen und die Energie fließt wieder. Zum Beispiel gewinnst du an Schwung und Tatkraft, wenn du dich selbst ermutigst und positiv stimmst, am besten morgens vor dem Aufstehen.

Das kann die Visualisierung deines Zieles sein oder du führst dir die einzelnen Teilerfolge der letzten Zeit vor Augen, indem du aufschreibst, was dir bereits alles gelungen ist. Nimm dir Zeit für deine Dankbarkeit und alle Gefühle, die im Moment da sind, und gehe nachsichtig mit dir um. Experimentiere mit den Möglichkeiten, um herauszufinden, was dir am meisten Auftrieb gibt und dich motiviert, die nächste Herausforderung in Angriff zu nehmen.

Wenn du unmittelbar nach dem Aufwachen antriebslos bist und spürst, dass du überhaupt keine Lust hast, den Tag zu beginnen, dann gibt es dafür vermutlich gute Gründe. Du hast dir große Mühe gegeben, dennoch wurden dir mehrfach Steine in den Weg gelegt – da ist verständlich, dass du vorübergehend deine Begeisterung verloren hast! Doch tief in deinem Inneren gibt es eine Kraftquelle der Freude, die immer da ist und die es jetzt wiederzuerwecken gilt.

Übung

Die folgenden Autosuggestionen sind auch bei kurzfristiger Anwendung effektiv und eignen sich gut, um deine Stimmung zu heben und deine Tatkraft zu stärken:

- Ich bin gut – ich schaffe es.
- Ich gebe mein Bestes.
- Ich erreiche meine Ziele.
- Ich fühle Kraft und Lebensenergie.
- Ich bin begeistert und voller Freude.

Sprich jeden Satz zehnmal laut und kraftvoll aus, bis dein Brustkorb zu vibrieren beginnt. Die Wirkung wird stärker, wenn du dich dabei vor einen Spiegel stellst und dir selbst in die Augen blickst. Du kannst auch während des Sprechens mit sanftem Klopfen auf das Brustbein deine Thymusdrüse stimulieren oder du singst die Worte laut, voller Intensität und mit der Kraft deines Herzens, dann bist du vollkommen präsent und dein Energieniveau steigt. Schon bald wirst du die belebende Wirkung spüren und wahrnehmen, wie dich ein angenehmes Kribbeln durchströmt. Deine Stimmung hellt sich auf, in deinem Bauchraum breitet sich ein Gefühl der Vorfreude aus und du bist gerüstet für den Tag. Probiere es aus und spüre selbst die Wirkung. Welcher Satz unterstützt dich heute am meisten?

Eine gute Strategie als Basis für deinen Erfolgsweg

Alle erfolgreichen Vorhaben beruhen auf Tatkraft und einem steten, von Leidenschaft getragenen Bemühen. Um dein Ziel zu erreichen, brauchst du Begeisterung für die Sache und Verantwortung für dein Tun. Eine Vision kann noch so sehr leuchten, Ziele können noch so attraktiv erscheinen und sorgfältig geplant sein, wenn du nicht ins Handeln kommst, bleibst du dort stehen, wo du bist. Die gewünschten Ergebnisse entstehen nur, wenn du zur Umsetzung bereit bist – durch deinen Einsatz und dein tägliches Tun.

Im Folgenden beleuchten wir den Umgang mit deinen Zielen einmal genauer und du wirst sehen, dass du hier durchaus Einflussmöglichkeiten hast. Damit deine Vision ermutigend für dich ist und dir nicht etwa das Leben schwer macht, muss sie in erster Linie realistisch sein. Nur dann kannst du ihr näherkommen und dein Ziel auch wirklich erreichen – bei konsequenter Umsetzung sogar leichter, als es dir zum jetzigen Zeitpunkt erscheinen mag.

Dennoch sollte deine Vision herausfordernd für dich sein. Im Idealfall kannst du dich nach deiner Zukunft »strecken«, sodass du gezwungen bist, auf dem Weg dorthin deine Komfortzone zu verlassen und innerlich zu wachsen. So wirst du kreativ, entwickelst neue Ideen und lernst, die richtigen Entscheidungen zu treffen. Eine große Vision kann dich beflügeln und inspirieren, sie schenkt dir die Kraft und Motivation, ihr Schritt für Schritt näherzukommen.

IMPULS FÜR DICH

Nimm dich und deine Körperempfindungen bewusst wahr, wenn du Schritte in deine Wachstumszone wagst. Bleibe in gutem Kontakt mit deinen Bedürfnissen und sorge immer wieder für Entspannung, damit du dich selbst nicht außer Gefecht setzt und im Abseits landest. Wenn wir eine Diskrepanz zwischen dem spüren, was wir erreichen wollen und dem, was wir erreichen können, kommt schnell Spannung in uns auf. Dadurch entsteht Stress und das blockiert nicht nur unser logisches Denken, sondern auch die Schaltzentrale für unsere Zielsetzung und Zielverwirklichung, den sogenannten präfrontalen Cortex.

Besonders beim Verfolgen einer großen und langfristigen Vision kommt es darauf an, den roten Faden nicht zu verlieren. Am besten legst du ein Zieletagebuch an und notierst schwarz auf weiß, was du alles erreichen willst. So kannst du immer wieder Bilanz ziehen und festhalten, was du bereits geschafft hast. Achte dabei auf die sprachliche Formulierung. Ziele sollten grundsätzlich positiv und in der Gegenwart formuliert sein, möglichst klar, leidenschaftlich und emotional. Bist du begeistert von deiner Vision? Glaubst du felsenfest an dich und dein Vorhaben? Nur wenn du »brennst«, kannst du auch Feuer in anderen Menschen entfachen. Sobald du die Beschreibung deiner Zielsetzung liest, solltest du Lust verspüren, an die Umsetzung zu gehen und sofort damit zu beginnen.

Ein Ziel ohne konkrete Zahlen bleibt immer ein Wunsch. Nachdem du das *Was* formuliert hast, geht es nun um Zahlen, Daten, Fakten: Wie viel davon willst du bis wann genau erreicht haben? Halte dir immer vor Augen, dass dein Zielbild die Zukunft beschreibt. Es muss konkret genug sein, um dir bei Entscheidungen Orientierung zu bieten. Hier ist ein vereinfachtes Beispiel, um den Unterschied zwischen Wunsch und Ziel zu verdeutlichen. Angenommen du bist Kettenraucher und äußerst den Wunsch: »Ich möchte mir das Rauchen abgewöhnen«. Dein Ziel würde dann lauten: »Bis zum 31.12.20xx rauche ich keine einzige Zigarette mehr!« Oder du hast Übergewicht und wünschst dir: »Ich möchte abnehmen und meine Traumfigur erreichen.« In dem Fall wäre deine konkrete Zielformulierung: »Ab sofort nehme ich jeden Monat zwei Kilo ab und wiege bis zum 31.12.20xx noch xx Kilogramm.«

Im nächsten Schritt geht es darum, deine Zielsetzung kleinteilig aufzugliedern. Was soll in 5–10 Jahren erreicht werden? Und was davon willst du noch in diesem Jahr umsetzen? Was musst du jeden Tag, jede Woche, jeden Monat dafür tun? Wenn du von einem begeisterten »Grenzgänger« gefragt wirst, ob du dir vorstellen kannst, mit dem Fahrrad die Welt zu umrunden – was wäre dann deine Antwort? Wahrscheinlich würdest du sagen, dass du dazu nicht in der Lage bist, auch wenn es der Extremsportler Mark Beaumont in 79 Tagen geschafft hat. Wenn derselbe Mensch dir vorschlägt, über einen längeren Zeitraum 75 Kilometer täglich mit ihm Fahrrad zu fahren, was antwortest du ihm dann?

Berechne die Teilschritte zur Erreichung deines Zieles,

denke in Etappen und notiere in deinem Tagebuch die Aufgaben dazu. So kannst du dir immer wieder die Frage stellen: »Was ist der nächste Schritt?« Das ermöglicht es dir, den Überblick zu behalten und deine gesamte Energie auf dein Teilziel zu fokussieren. Das hat den Vorteil, dass du den Mut nicht verlierst und Teilerfolge erzielst, auf die du stolz sein und für die du dich selbst belohnen kannst. Überprüfe dabei immer, ob dich die nächste Handlung, der du deine Energie schenkst – zum Beispiel im Internet surfen – oder diese spezielle Person, der du auf deinem Weg begegnest, deinem Ziel ein Stück näherbringt oder nicht. So bewältigst du einen Teilschritt nach dem anderen, ohne den roten Faden zu verlieren.

Unterteile den Weg zum Ziel in überschaubare Etappen, die sich überprüfen lassen. So lässt sich dein Vorhaben leichter bewältigen, auch wenn das letztendliche Ziel oder die Vision dahinter groß sind. Bevor dein Arbeitstag endet, kannst du den nächsten Tag planen, spätestens aber morgens zu Tagesbeginn. Jede Tätigkeit, die notwendigerweise ansteht oder zielführend ist, bekommt einen Zeitblock zugewiesen, alles andere hat keinen Platz im Plan. So entsteht mehr Struktur in deinem Tagesablauf und du kommst nicht so leicht in Versuchung, vom Weg abzuweichen.

Die Überlegung, welche Ziele du dir für den Tag, diese Woche, die nächsten Monate setzt und welche Tätigkeiten dafür notwendig sind, lohnt sich. Ebenso eine jährliche Zeit des Rückzugs, um das Folgejahr genauer unter die Lupe zu nehmen. Etappenziele sind leichter zu erreichen und mit jedem Erfolgserlebnis wächst dein Selbstvertrauen. Vergiss vor allem nicht, deine Siege und Errungenschaften ganz bewusst zu feiern und mit Freunden ein Glas darauf zu heben – du hast es verdient!

Wenn du dein Ziel einmal nicht erreichst

Viele Projekte scheitern, weil Menschen kurz vor dem Ziel aufgeben. Ihnen fehlt der Glaube, dass die größten Herausforderungen immer zum Schluss kommen und hinter der nächsten Kurve die Zielgerade liegt. Nach jedem Tief kommt wieder ein Hoch, das ist der natürliche Rhythmus des Lebens. Wenn wir in eine Krise geraten und fallen, bis wir uns am Grund der Talsohle wiederfinden, dann ist der nächste Aufstieg schon in Sicht.

IMPULS FÜR DICH

Egal, wo du derzeit stehst: Bleib dran! Ziehe dein Vorhaben durch und lasse dich nicht von Schwierigkeiten kleinkriegen, mit denen du konfrontiert bist, denn je härter die Prüfung, desto wahrscheinlicher näherst du dich deinem Ziel. Und je tiefer dein Absturz war, desto verheißungsvoller wird der Höhenflug sein, der jetzt folgt. Lerne aus deinen Fehlern, suche nach Lösungen und navigiere dein Schiff in den Hafen. Du schaffst das!

Doch nicht alle Menschen haben diesen unbeugsamen Willen und nicht allen Menschen gelingt es, stimmige Entscheidungen für sich zu treffen oder konsequent das zu tun, was sie sich vornehmen. Ihre Gedanken und Handlungen werden von einer Dynamik bestimmt, die nicht ihrem Willen, sondern dem Unbewussten entspringt. Wir alle kennen die Situation, wenig zu bewirken, obwohl wir uns enorm anstrengen und Mühe geben. Etwas in uns sabotiert den Entwicklungsprozess, wir stoßen an innere Grenzen und spüren

Widerstände. Möglicherweise ist der Zeitpunkt unserer Entscheidung falsch gewählt, wir sind noch nicht bereit oder tief in unserem Herzen wollen wir uns nicht verändern.

Es gibt etwas, das den Willen blockiert, auf eine bestimmte Weise zu handeln. In Wirklichkeit fehlt hier nicht unbedingt Willensstärke, sondern es siegt ein anderer, mächtiger Wunsch, dessen wir uns nicht bewusst sind. Im Alltag begegnet uns das häufig. Wir möchten pünktlich in eine Vorlesung kommen und verspäten uns dauernd, »ohne es zu wollen«. Vielleicht wurde die Wahl unseres Studienfachs immer wieder von außen an uns herangetragen und wir folgen einem fremdbestimmten Entschluss. Oder wir haben einfach den verkehrten Zeitpunkt oder das falsche Ziel gewählt. Was sagt unser Bauch, fühlt er sich wohl? Nur wenn wir spüren, dass alles fließt, wissen wir, dass wir richtig sind.

Einer der größten Widersacher unseres Willens ist der negative Glaubenssatz »Ich kann es nicht!« Er zeigt sich in dem Gefühl mangelnden Selbstbewusstseins, der Verzagtheit, des Zweifels und der Mutlosigkeit. Mit diesen Glaubenssätzen, die wir seit frühester Kindheit wie unsere Muttermilch aufgenommen haben, sind wir derart identifiziert, dass wir ihnen ein Leben lang Gehör schenken. Weil sie ein Teil unseres Systems geworden sind, können wir uns nur schwer von ihnen lösen. Es bedarf der Wachsamkeit unseres »Inneren Beobachters«, um sie überhaupt zu bemerken. Am besten behalten wir sie in Erinnerung, wenn wir sie sofort aufschreiben. Aus etwas Abstand können wir sie in Ruhe betrachten, werden uns ihrer mächtigen Wirkweise bewusst und stellen fest, dass wir viel zu oft unser schärfster Kritiker sind.

Wenn wir nicht im gewünschten Tempo und auf dem erhofften Weg zum Ziel gelangen, neigen wir schnell zu Selbstvorwürfen. Wir sind frustriert, weil wir unser Vorhaben immer wieder verschoben haben, doch wir können nichts erzwingen. Jeder von uns hat Stärken und Schwächen, jeder hat seine Eigenheiten, Stimmungen und Launen. Niemand ist perfekt, und das müssen wir auch nicht sein. Vielleicht fühlen wir uns überfordert, weil wir uns zu viel vorgenommen haben. Dabei sollten unsere Fähigkeiten nur ausreichen, um den nächsten Schritt zu gehen. Und dann den nächsten und übernächsten.

> **IMPULS FÜR DICH**
>
> Was aber tun, wenn du dich tapfer auf den Weg machst und bereits nach kurzer Zeit feststellst, dass dir überhaupt nichts gelingt? Vielmehr kämpfst du gegen Widerstände und, wohin du auch blickst, tun sich Hürden auf. Du strengst dich noch mehr an, doch selbst bei kleinen Schritten, die du gehst, bleibt der erhoffte Erfolg aus. Alle Bemühungen laufen ins Leere und du bist nur noch frustriert.

Jetzt ist Flexibilität gefragt, um die Herausforderung zu meistern. Es macht keinen Sinn, einem Ziel nachzulaufen, das von vornherein zum Scheitern verurteilt ist. Vielleicht sprichst du mit einer Person deines Vertrauens oder du holst dir die fachkundige Unterstützung eines Coaches oder Beraters. Natürlich fühlt es sich gut an, Ziele zu erreichen, es macht dich stolz und zufrieden. Scheitern und Niederlagen hingegen treffen das Selbstwertgefühl meist mit aller Wucht. Jetzt geht es darum loszulassen, nachsichtig mit dir zu sein und den Misserfolg zu akzeptieren, ohne Selbstvorwürfe und ohne anderen die Schuld zu geben. Es liegt bei dir, wie du die Situation interpretierst, ob du sie als Versagen und

Niederlage erlebst oder ob du annehmen kannst, dass sich deine Vorstellungen und Hoffnungen diesmal nicht so erfüllen, wie du es erwartet hast.

Übung

Du kannst versöhnlich mit dir umgehen, beide Hände auf dein Herz legen und dir den Satz vergegenwärtigen: »Auch wenn es nicht funktioniert hat, liebe und akzeptiere ich mich so, wie ich bin!«. Du kannst die Worte auch variieren: »Ich achte und wertschätze mich so, wie ich bin!« Nach einigen Wiederholungen nimmst du wahr, dass es dir immer leichter fällt, die Sätze auszusprechen. So freundest du dich mit der Tatsache an, gescheitert zu sein, ohne dich dafür verurteilen zu müssen. Und wer weiß, vielleicht führt deine Erfahrung langfristig auf ganz neue Wege und sie erweist sich letztlich als Glück.

Regelmäßiges Üben ist alles

Erfolg ist nicht immer laut oder klar ersichtlich, und er geht auch selten mit einem großen Ereignis in der Zukunft einher, ab dem alles gut ist und nur noch besser werden kann.

MERKSATZ: Erfolg ist die Folge unserer Geisteshaltung, der Entscheidungen, die wir fortwährend treffen, und die Folge unseres Handelns im Hier und Jetzt.

Ob du nun ein zukünftiges Ziel visualisierst oder konkrete Schritte der Umsetzung gehst: Alles, was du tust, um dorthin zu gelangen, findet ausschließlich in der Gegenwart statt. An diesem Ort, wo du gerade bist, und in diesem einen Moment. Insofern ist das Heute der einzige Tag, an dem du eine Erkenntnis gewinnen, klare Entscheidungen treffen und dich erfolgreich für dein Ziel einsetzen kannst, während die Errungenschaften deines Lebens nur die Früchte der steten Arbeit sind, die du in der Gegenwart verrichtest.

Die Aufgabe besteht darin, deine Aufmerksamkeit auf den einzigen Tag zu lenken, an dem du etwas bewirken kannst – das Heute –, und deine Gewohnheiten entsprechend zu ändern. Im zweiten Buchteil findest du eine Vielfalt effektiver Übungen, die nur wenig Zeit in Anspruch nehmen, um deine »Innere Kompetenz« zu stärken. Sie steht in unmittelbarer Wechselwirkung mit deinem Verhalten und deinen Taten, von denen wiederum die Ergebnisse abhängen, die du täglich erzielst.

IMPULS FÜR DICH

Um Ritualen in deinem Alltag Raum zu geben, kannst du mehrere Methoden kombinieren, indem du zum Beispiel morgens die Autosuggestionen sprichst, die dich am besten unterstützen. Am Abend schläfst du mit einer Hypnose-CD ein, die gut zu deinem aktuellen Thema passt, und morgens wie abends führst du dein Zieletagebuch, um immer wieder den Stand der Dinge zu reflektieren. Du bist der einzige Mensch in deinem Leben, der das in voller Verantwortung in die Hand nehmen kann. Wenn du mit hingebungsvoller Freude ans Werk gehst, genügen 15–20 Minuten, und selbst das Erlernen deiner neuen Gewohnheit wird dir Freude bereiten.

Eine neue Gewohnheit zu entwickeln ist ein Lernprozess und das Ergebnis steter Wiederholung. Weil das Gehirn das energieintensivste Organ im menschlichen Organismus ist, sucht es ständig nach einer Möglichkeit, um Energie einzusparen. Es ist bestrebt, jeden wiederkehrenden Ablauf in eine Gewohnheit umzuwandeln und als solche abzuspeichern. Gleichzeitig hält es hartnäckig an alten Strukturen fest, da es dafür keine weitere Energie braucht. Vor allem in Stresszuständen neigt es dazu, blitzschnell die alten gewohnten Muster erneut zu installieren. Da hilft nur die Aktivierung des »Inneren Beobachters« und ein liebevolles, geduldiges Wahrnehmen und Dranbleiben.

Viele Menschen glauben irrtümlicherweise, dass sich eine neue Gewohnheit nach 21 bis 30 Tagen manifestiert hat. Psychologische Studien besagen, dass es ganze 66 Tage dauern kann, bis eine neue Tätigkeit wirklich zur Gewohnheit wird und sich wie selbstverständlich anfühlt – das bedeutet zwei Monate kontinuierlichen Durchhaltens. Während dieser Zeit musst du deine gesamte Willenskraft, Leidenschaft und Freude einsetzen, um am Ball zu bleiben.

Führe dir stets dein großes Ziel und dein Warum vor Augen – und dann mache es einfach! Und vergiss nicht, stolz auf dich selbst zu sein und dich großzügig zu belohnen. Nach und nach wird dir das Üben leichter fallen und am Ende wirst du deine neue Gewohnheit vermissen, wenn du einmal nicht dazu kommst. Dann hast du es geschafft und kannst mit der nächsten Herausforderung fortfahren.

Magie der Zeit

Wir alle bekommen täglich vierundzwanzig Stunden auf unser Zeitkonto einbezahlt und dennoch scheint das Zeitkontingent nie auszureichen. Wir hasten von einer Verpflichtung zur nächsten, und wenn wir nicht ganz bewusst Pausen machen, wird der Tag zur Hetzjagd. »Jetzt nicht, mir läuft die Zeit davon!«, »Die Zeit eilt dahin wie im Flug!«, »Ach, wenn ich doch nur ein klein wenig mehr Zeit hätte!« Kommt dir das bekannt vor?

IMPULS FÜR DICH

Um dir regelmäßig Ruhepausen zu gönnen, brauchst du nicht nur Zeit, sondern vor allem eine konsequente Vorgehensweise. Auch Muße und das »Nichtstun« wollen gelernt sein. Um der Alltagsroutine zu entkommen, verabredest du dich am besten mit dir selbst und setzt Termine zum Innehalten und Entspannen. Sie sollten gezielt geplant und ausschließlich zur Regeneration genutzt werden. Deshalb ist in den Pausen alles erlaubt, was nichts mit Arbeit, dem Computer oder Mobiltelefon zu tun hat, wie etwa schlafen, essen oder spazieren gehen, auch reines Nichtstun.

Nutze deine Auszeit, um loszulassen und dich zu spüren. Komm mit allen Sinnen in deinem Körper an und nimm wahr, dass du in ihm zu Hause bist. Nach einem langen Tag am Schreibtisch dürfen sich deine Glieder räkeln und strecken, bewegen und genussvoll dehnen. Vielleicht gönnst du dir hin und wieder eine »blaue Stunde« zum Nachsinnen und Tagträumen. Menschen, die viel sprechen müssen, wie Dozenten oder Verkäufer, tauchen so in eine wohltuende Sphäre der Stille und des Schweigens.

WAS DU DABEI GEWINNST: Wer sich dem Erreichen seiner Ziele mit Begeisterung widmet, braucht viel Kraft. Regelmäßige Bewegung an der frischen Luft und in der Natur, die immer heilsam ist, hebt dein Energieniveau. Deine Lebenskraft beeinflusst fast alles, was du tust. Bist du belastbarer, wirst du auch für deine Mitmenschen anziehender und gewinnst mehr Klarheit im Denken und Fühlen. Wenn es dir gelingt, dein beharrliches Bemühen mit Phasen der Entspannung und bewusster Selbstfürsorge zu verbinden, bewahrst du bei der Verwirklichung deiner Pläne auch auf lange Sicht deine Motivation.

Wer seine Gedanken konzentriert auf tägliche Aufgaben lenken will, muss sie zwischendurch freilassen. Und wer engagiert seine Ziele verfolgt, braucht als Gegenpol Muße und Entspannung. Momente bewusst gesuchter Zerstreuung verleihen dir neue Geisteskraft und Kreativität, anschließend kannst du dich wieder sammeln und weiterarbeiten. So schwingst du ausdauernd in einem natürlichen Rhythmus von aktivem Voranschreiten und bewusstem Innehalten. Für das Erreichen deiner Ziele ist Zeit ein wichtiges Gut, du solltest sie optimal nutzen. Und wem es gelingt, alle Sinne auf das Hier und Jetzt zu richten, der bleibt auch leichter bei der Sache, wenn der Weg zum Ziel einmal länger dauert als erwartet. Sehend, lauschend, spürend, auch riechend oder schmeckend kommst du immer wieder in deinem Körper an, dem »Tempel« deiner Seele, der dir Ruhe, Entspannung und Geborgenheit schenkt.

Zeit ist dehnbar wie ein Gummiband! Auf der persönlichen Ebene ist Zeit reine Gefühlssache – eine Frage unserer subjektiven Wahrnehmung und bewussten Präsenz im gegenwärtigen Augenblick. Albert Einstein versuchte einmal Relativität auf anschauliche Weise zu erklären. Er meinte, wenn man zwei Stunden lang mit einem netten Mädchen zusammensitze, komme es einem so vor, als wäre es eine Minute. Sitze man jedoch eine Minute auf einem heißen Ofen ... Das sei Relativität.

Im freien Fall vergeht die Zeit rasend schnell, unvorstellbar! Auf einer einsamen Insel scheint sie stillzustehen.

Im Schockzustand fühlt sie sich an wie eine zähe Masse, dann schleicht sie dahin wie in Zeitlupe. Und nach zehn Tagen Schweigemeditation, wenn die Gedanken ganz ruhig geworden sind, wird die Zeit zu einem einzigen Moment: zum Hier und Jetzt. Dann gibt es nur diesen einen kostbaren Augenblick.

IMPULS FÜR DICH

Deshalb frage ich dich: Bist du der Zeit wohlgesonnen oder stehst du ihr feindlich gegenüber? Hast du genügend Zeit für dich selbst, zur Erholung, für deine Bedürfnisse und deine Weiterentwicklung? Zeit, die nur dir gehört, die du frei gestalten kannst? Nein? Dann sage doch einfach »Stopp!« und spüre deinen Atem. Er erlaubt es dir, immer wieder aus dem Fluss der Zeit herauszutreten und ganz in der Gegenwart anzukommen, im jetzigen Moment.

Der Atem ist dein treuester Begleiter und ein hochwirksamer Energiespender, wenn es darum geht, deine Ziele zu verwirklichen. Und wenn du dich vor lauter Tatkraft verausgabt hast, kannst du über den Atem immer wieder die Verbindung zu dir selbst herstellen. Dehne dich hinein in diesen Augenblick, genussvoll und mit großer Hingabe. Breite dich darin aus und verschaffe dir Raum. Spüre dich selbst in diesem wertvollen Moment. Atme dabei ruhig und tief ein und aus, ein und aus. So wird die Zeit dein Freund, dann gehört deine Zeit dir allein.

Kapitel 2

Natürliche Kräfte zur Stärkung deiner inneren Kompetenz

2.1 Die Kraft des Atems

Wir leben in einer atemlosen, atemvergessenen Gesellschaft. Die meisten Menschen betrachten Atmen als etwas Selbstverständliches, um das man sich nicht viel kümmern muss. Erst wenn wir außer Atem sind, wenn wir Atembeschwerden haben oder keine Luft mehr bekommen, werden wir uns seiner bewusst. Dabei hat uns die Natur mit dem Atem ein wunderbares Geschenk gemacht. Wir atmen tagaus, tagein – auch nachts, wenn wir schlafen, atmet es in uns weiter, ohne dass wir etwas dafür tun müssen. Der Atemfluss begleitet uns von der Geburt bis zum Tod, er steht uns in jedem Augenblick uneingeschränkt zur Verfügung, vom ersten bis zum letzten Atemzug. Schon beim Säugling prägt der Lebensrhythmus den Atemrhythmus. Vorgänge, die mit Anspannung und Loslassen zu tun haben – wie Hunger und Sättigung, Verlassenheit und Zuwendung –, tragen dazu bei, ob der Rhythmus des Atems ungestört ist oder nicht.

> **MERKSATZ:** Unser Atem lässt sich weder einschalten noch abstellen, er ist immer da und er ist gänzlich kostenfrei.

Der Atemvorgang ist eine treue Konstante unseres Lebens, während alles andere dem steten Wandel unterliegt. Wir müssen nur innehalten und uns seine Kraft zunutze machen, denn Atem versorgt uns, er verbindet uns mit dem Körper und der Umwelt, mit dem Universum, mit Raum und Zeit – und er bewirkt sofortige Veränderung.

Der Atem ist wesentlich und fundamental, er ist das Wichtigste überhaupt, denn ohne ihn können wir nicht leben. Insofern ist auch Atmen mehr als die Zufuhr von Sauerstoff und der Energieaustausch in den Zellen. Der unentwegte Atemvorgang verkörpert das Prinzip von Yin und Yang, von Aktivität (ein) und Passivität (aus), von Anspannung und Entspannung, von Zusammenziehen und Entfalten. Das Atmen ist wie der Meeresrhythmus von Ebbe und Flut, von Leere und Fülle – eine fließende Bewegung zwischen Öffnen und Schließen, zwischen Weite und Verdichtung. Der Atem ist die Sprache Gottes, er verbindet uns mit der Ewigkeit: ein und aus ... ein und aus ...

Warum dich bewusstes Atmen stark macht

Damit menschliches Leben möglich ist, muss der Körper mit Lebensenergie versorgt werden. Um Lebenskraft bewusst wahrzunehmen und sie im Körper zu sammeln oder gar zu steigern, ist nur ein einziger Faktor notwendig: die bewusste Atmung! Prinzipiell ist jeder Mensch gleichermaßen imstande, seine Aufmerksamkeit gebündelt auf den Atemvorgang zu richten, die Lebensenergie aufzunehmen, die mit dem

Atem in den Körper gelangt, sich von ihr durchströmen zu lassen und sie auszustrahlen.

»*Prana* reitet auf dem Atem«, so lautet es im yogaphilosophischen Kontext oder anders gesagt: Die Atemluft ist der Träger von *Prana*. Der Umstand, dass die westliche Naturwissenschaft noch nicht in der Lage ist, Lebenskraft aufzuspüren und zu messen, muss jedoch nicht bedeuten, dass sie nicht existiert und unser Wohlbefinden beeinflusst. Die Tatsache, dass es in den verschiedensten Kulturen Bezeichnungen für ein und dasselbe Phänomen gibt (im Indischen *Prana*, im Chinesischen *Chi*, im Griechischen *Pneuma*, im Polynesischen *Mana*, im Hebräischen *Ruah*) ist ein Hinweis dafür, dass Lebensenergie auf empirischer Ebene über die menschlichen Sinne durchaus wahrnehmbar und erlebbar ist. Wie fühlst du dich nach einem ausgiebigen Spaziergang durch den Wald – erfrischt oder müde?

Prana ist allgegenwärtig, es durchdringt die Atmosphäre, die Natur und jeden Organismus. Das erklärt, weshalb du Vitalität und Lebensfreude empfindest, wenn du ein Sonnenbad nimmst oder in der Natur barfuß gehst. Dank *Prana* bläst der Wind, brechen Vulkane aus, erbebt die Erde. Alles, was sich im Universum bewegt, ist *Prana*. An Küsten und in weiten Räumen der Natur badest du in einem Ozean von Lebensenergie. Die Bewegung großer Wassermassen und des Windes macht die Luft am Meer derart belebend. Hochsensible Menschen und Kinder werden reizbar, wenn sie für längere Zeit diesem Überfluss an Energie ausgesetzt und nicht in der Lage sind, ihn im Organismus zu verteilen.

Nach indischer Sichtweise durchdringt *Prana* auch den menschlichen Geist. Für den Yogi ist selbst der Gedanke eine feine Form von *Prana*, dessen Fluss sich durch Konzentration und Willenskraft im Körper lenken lässt. Dank seiner geistigen Fähigkeiten ist er in der Lage, *Prana* vermehrt zu absorbieren und im Körper anzureichern, dazu sind zwei grundlegende Faktoren notwendig: Aufmerksamkeit und Atem.

> **IMPULS FÜR DICH**
>
> Um deine Lebenskraft zu steigern, solltest du dir deinen Atem bewusst machen und <u>Prana</u> im Körper mehr Raum geben, indem du lernst, deine Atmung auszudehnen.

Der Atem als Träger der Lebenskraft

Atem versorgt. Atem ist Lebenskraft. Die Atmung ist – Hand in Hand mit der Herzfunktion – zweifellos einer der wesentlichsten Vorgänge unseres physischen Körpers. Atmung und Herzrhythmus beeinflussen sich gegenseitig, denn die Beruhigung, die durch richtiges Atmen entsteht, wirkt sich auch stabilisierend auf die Herzfrequenz aus. Jeder Mensch macht täglich etwa 26.000 Atemzüge, die seine Körperzellen mit Sauerstoff und Lebensenergie versorgen. Doch wir nehmen nur selten bewusst wahr, dass unser Atem ein beständiger, wirksamer und kraftvoller Wegbegleiter ist, der die Eigenschaft hat, »alles mit allem« zu verbinden.

Yogis sagen, dass jedem Menschen bei seiner Geburt eine bestimmte Anzahl von Atemzügen geschenkt wird. Bewusstes und ruhiges Atmen verlängert so die Lebenszeit. Durch tiefes, langsames und rhythmisches Atmen wird eine größere Menge von Lebensenergie im Organismus aufgenommen als durch schnelle, flache Atemzüge. Je mehr wir ausatmen und wirklich leer werden, desto größer ist die Menge der frischen Luft, die wir wieder einatmen. Zum Beispiel verfügt ein flach atmender Mensch über weniger Lebenskraft als jemand, der aktiv und dynamisch ist, dadurch tiefer atmet und zwangsläufig mehr Lebensenergie in sich aufnimmt. Bei einer durchschnittlich flachen Atmung bewegen wir etwa

0,5 Liter Atemvolumen. Bei maximaler Ein- und Ausatmung hingegen an die 4,8 Liter, genannt Vitalkapazität – also fast das Zehnfache, wobei immer etwa 1,2 Liter in den Lungen verbleiben. Da sich Lebenskraft und Geist gegenseitig bedingen, wird das Energiepotenzial mit wachsender Konzentration immer stärker. Wir werden gesünder und vitaler, fühlen uns jung und frisch.

MERKSATZ: Wie der Atem, so sind auch die Gedanken in einer ständigen natürlichen Bewegung, die vom menschlichen Bewusstsein erfasst werden kann.

In fortwährendem Wechsel tauchen sie auf und verschwinden wieder. Durch bewusste Atmung lässt sich dein Geist beruhigen und deine Gedanken werden langsamer. Es entsteht mehr Raum für dein freudvolles Sein. Somit sind Atem und Lebensenergie, Bewusstsein und Geist untrennbar miteinander verwoben. Sie beeinflussen sich und folgen einander.

Doch was bedeutet das für dich und deinen Alltag? Wie schätzt du dich selbst ein? Gehörst du eher zu den Menschen, die innerlich entspannt sind und in ihrem natürlichen Atemrhythmus schwingen, oder fühlst du dich durch das Zuviel der Dinge überfordert? Kannst du die unablässig strömenden Eindrücke ordnen und vollständig verarbeiten, oder neigst du vielmehr dazu, den Atem einzuziehen und festzuhalten?

In aller Regel reagiert deine Atmung flexibel auf die unterschiedlichen Situationen des Alltags, je nachdem ob du unter Zeitdruck stehst und gestresst bist oder entspannt den Feierabend genießt. Leider atmen wir gewohnheitsmäßig zu flach, vor allem bei Tätigkeiten, die volle Konzentration verlangen, nicht zuletzt, weil wir uns wenig bewegen und viel sitzen. Doch du hast jederzeit die Möglichkeit, deine Atemweise zu beeinflussen, sie zu beruhigen, zu vertiefen und zu harmonisieren.

Gewinne mehr Stärke mit nur wenig Zeitaufwand

Eine hochwirksame Methode, um mit wenig Zeitaufwand innere Stärke zu gewinnen, ist die bewusste Wahrnehmung deines Atems. Du kannst deine Atmung in jedem Augenblick aktiv zur Verbesserung deines Seinszustandes nutzen. Der erste und wichtigste Schritt ist das Innehalten und achtsame Wahrnehmen deines Atemvorgangs, ohne dabei etwas verändern zu wollen. »Aha, so fühlt sich das jetzt gerade an!«

Mit der Anbindung an deinen Atem bist du in der Lage, innerhalb kürzester Zeit von einer gestressten oder angstvollen Verfassung in einen entspannten Zustand zu gelangen. Du wirst innerlich ruhiger und gelassener. Je öfter du deinem Rhythmus gemäß genussvoll ein- und ausatmest, desto weniger läufst du Gefahr, kraftlos deinem Umfeld ausgeliefert zu sein und dich in ihm zu verlieren.

Sei immer öfter Zeuge deiner Atmung

Mache dir möglichst oft, wann immer es dir einfällt, deine Atmung bewusst. Atmen ist weniger etwas, das du tust, als vielmehr etwas, dessen Zeuge du wirst, während es geschieht. Wie empfindest du deinen Atemfluss? Spürst du, wie er kühl zur Nase ein- und warm wieder ausströmt? Achte auch auf die kurzen Pausen in der Atembewegung, besonders auf die Pause nach dem Ausatmen, die ganz natürlich entsteht, bevor du wieder einatmest.

Durch die bewusste Atmung ändert sich umgehend dein

Erleben. Bereits einige tiefe Atemzüge, die du mit geschlossenen Augen wahrnimmst und begleitest, bewirken eine Steigerung deines Wohlbefindens. Dabei liegt der Schwerpunkt deiner Aufmerksamkeit auf dem betont langsamen Ausatmen. Wenn du dir deine Atmung bewusst machst, ziehst du Aufmerksamkeit von deinem Denken ab und schaffst Raum für mehr Sein im gegebenen Augenblick. Wo vorher deine Gedanken einander in ununterbrochener Folge jagten, entstehen Momente des Innenhaltens, der inneren Ruhe und Gelassenheit.

Während du achtsam dem sanften Luftstrom folgst, der in deinem Körper ein- und wieder ausströmt, und fühlst, wie sich das Brustbein entsprechend hebt und senkt, wirst du dir zugleich deines Körpers bewusst. Auch deine Bauchdecke wölbt und senkt sich. Dein Atem gewinnt seine natürliche Tiefe zurück und führt dich in den gegenwärtigen Augenblick, ins Hier und Jetzt, wo dein Leben stattfindet.

Atem verbindet deinen Körper und Geist zu einer Einheit

Der Atem verbindet uns mit den Urrhythmen des Lebens. Er ist eingebettet in die größeren Zyklen unseres Planeten. Ob Tag und Nacht, Ebbe und Flut oder der Wechsel der Jahreszeiten – alles ist dem Wandel unterworfen und unterliegt einem ständigen Austausch. Innerhalb von sieben Jahren wird jede Zelle im Körper einmal erneuert. Mit jedem Atemzug wird verbrauchte Energie gegen frische ausgetauscht und der Körper entschlackt. Wird der Prozess der Erneuerung für nur wenige Minuten unterbrochen, so erleidet das Gehirn irreversible Schäden. Umgekehrt profitieren die Gehirn- und Körperzellen vom frischen Sauerstoff und einer tiefen Atmung. Denken wir nur an das Ermüden in schlecht gelüfteten Räumen.

Atem verbindet. Der Atem strömt ein, der Atem strömt

aus. Er fließt um die Dinge herum, durch sie hindurch und er verbindet uns Menschen mit der Umwelt: Luft, die wir einatmen, teilen wir auch mit anderen, so war es von jeher und so wird es immer sein, denn Atmen verbindet »alles mit allem«.

Wenn du bewusste Atmung und Selbstwahrnehmung praktizierst, gelangst du nicht nur vom Kopf in deinen Körper zurück, sondern dein Körper und Geist finden wieder zusammen und bilden eine Einheit. Deine Gedanken ziehen dich nicht mehr fort in ein Morgen, Übermorgen oder Gestern, in ein Grübeln oder Dich-Sorgen. Auch dein Geist kann ruhig werden und sich im atmenden Körper ausbreiten, deine Gedanken werden langsamer.

WAS DU DABEI GEWINNST: Das Verbundensein mit dir selbst ermöglicht dir ein Verankertsein in der eigenen Mitte und dadurch eine stärkere Beziehung zur Umwelt, es trägt unwillkürlich zum besseren Kontakt mit deinem Gegenüber bei. Du bist zugewandter, interessierter und emphatischer. Bevor du automatisch re-agierst, kannst du dich bei unerwarteten Irritationen im Gespräch ganz bewusst mit deinem Atem verbinden und schaffst so einen positiven Resonanzraum. Im Gegenzug fällt es dem anderen leichter, sich zu öffnen und sich mit dir auszutauschen. Das Beobachten des Atems unterstützt und trainiert deine geistige Konzentration. Du schweifst seltener gedanklich ab, Körper und Geist sind entspannt und aus dieser Ruhe heraus kannst du innere wie äußere Geschehnisse mit größerer Klarheit wahrnehmen und bewusst damit umgehen.

Was bewusstes Atmen in deinem Alltag bewirkt

MERKSATZ: Der Atem begleitet uns als beständiger Urrhythmus, eingebettet in das Erleben der Zeit.

Sind wir überlastet, gelingt es uns oft nicht mehr, in unserem natürlichen Atemrhythmus zu schwingen. Wir geraten körperlich, seelisch und geistig in einen disharmonischen Zustand, und wir leiden unter dem Gefühl, gegen die Zeit anzuarbeiten, anstatt gelassen mit ihr zu fließen. Finden wir zum Atem zurück, wie er uns von Natur aus gegeben ist, so entspannt sich auch unser Zeitempfinden, bis es uns gelingt, den Moment ganz auszuschöpfen, ohne in Gedanken woanders zu sein. Wie der Atemfluss wird auch der Gesang des Meeres von Pausen völliger Stille durchbrochen und es entsteht der Eindruck, als würde es nach jedem Wellenschlag seine große Lunge füllen, als würde es ein- und ausatmen wie ein riesiges lebendes Wesen. Horchen wir auf unser immerwährendes Ein- und Ausatmen, so erkennen wir, dass wir von einem großen Rhythmus getragen werden, der so verlässlich ist, wie der Wellenschlag des Wassers an sein Ufer.

IMPULS FÜR DICH

Dein Atem ist ein unglaubliches Wunder. Mit täglich 10–15 Minuten konzentrierter, bewusster Atmung schaffst du in deinem Alltag die Grundlage für mehr Gelassenheit und Präsenz. Mithilfe des Atems kannst du dein Befinden in eine gute Richtung lenken und über diesen Weg auch den Umgang mit deinen Mitmenschen aktiv beeinflussen.

WAS DU DABEI GEWINNST: Atem verändert. Du gewinnst Lebensenergie, Lebensfreude und dadurch immer mehr Anziehungskraft. Du wirst authentischer und stellst mit deinem Gegenüber eine Verbindung her, die deine Kommunikation leichter macht.

Auch der andere erhält die Erlaubnis, direkt mit dir in Kontakt zu gehen und dabei unverfälscht offen und ehrlich zu sein. Durch deine Gelassenheit vermittelst du ihm ein gutes Gefühl und stellst sicher, dass er den entspannten, lebendigen Austausch mit dir gern in Erinnerung behält.

Nimmst du dir noch einige Minuten länger Zeit und bringst deinen Atem zur vollen Entfaltung, so stellst du fest, dass er dich in hohem Maß wach und präsent macht, bis du schließlich ganz im Hier und Jetzt ankommst. Die Erfahrung des Atmens zeigt dir, dass du immer glaubwürdiger wirst und immer souveräner reagieren kannst, je mehr du mit dem Augenblick verschmilzt.

Die Kraft des Atems – Übungsteil

Wenn du dich im Außen verloren hast, im hektischen Alltag, vielleicht bei einem schwierigen Gespräch mit Kollegen oder in einem Familienstreit, wenn du dich mutlos oder energielos fühlst, überfordert von deinen To-dos, kann es eine heilsame Erfahrung sein, dich der Einfachheit des Atmens hinzugeben und darin Trost zu finden.

IMPULS FÜR DICH

Verbinde dich regelmäßig mit deinem Atem und du erlebst, wie sich deine »Innere Kompetenz« entfaltet. So bist du immer gut gerüstet, um dein Herzensprojekt zu verwirklichen. Dein innerer Freiraum eröffnet dir neue Perspektiven und du gewinnst Abstand zu den Herausforderungen, die sich auf deinem Weg zum Ziel ergeben. Bewusstes Atmen unterstützt dich dabei, immer wieder aus dem Stresstunnel herauszufinden, dich nach innen zu wenden und aus dem Zentrum deiner Kraft zu denken, zu fühlen und zu handeln.

Hinweis: Dein Bewusstsein auf den Atemvorgang zu lenken heißt wahrzunehmen, dass dein Atem einströmt und wieder ausströmt. Dazwischen liegt eine Pause. Obwohl der Atemvorgang als solcher aus drei einfachen Phasen besteht, gibt es für dich als Praktizierenden einiges zu beachten. Ein erwachsener Mensch macht im Durchschnitt 12 bis 15 Atemzüge pro Minute, die in der Regel unbewusst stattfinden. Während der Atempause tritt für Momente ein Stillstand der Atembewegung ein. Sind wir gesund, so gleiten wir im Ruhezustand ohne aktives Zutun in die Tiefenatmung. Viele Menschen atmen nicht auf natürliche Weise, sondern gemäß ihrer Grundverfassung entweder zu intensiv oder zu hektisch, zu unregelmäßig oder zu flach. Bei jedem Atemzug wird der Körper mit frischer, sauerstoffhaltiger Luft versorgt, während er im Gegenzug verbrauchte Luft an die Umgebung abgibt, die reich an Kohlendioxid ist. An diesem Prozess sind alle Körpervorgänge beteiligt. Daher ist es ratsam, mit sanften, beruhigenden Übungen zu beginnen und die Atmung zunächst zu normalisieren, indem sie einfach nur geschehen darf: »Es atmet mich!« Durch aufmerksames

Wahrnehmen harmonisiert sich der natürliche Atemfluss. So wird der lebensnotwendige Gasaustausch in der Lunge unterstützt und das Atemvolumen passt sich den Stoffwechselbedürfnissen des Körpers an.

Der Prozess des Atmens ist ein effektives, jedoch sehr sensibles »Instrument". Einerseits handelt es sich wie beim Herzschlag und der Verdauung um eine autonome Grundfunktion des Körpers, andererseits kann die Atmung auch willentlich beeinflusst werden. In dem Fall spricht man vom gelenkten oder geführten Atem. Diese Art Übungen sind nicht für jeden Menschen gleich gut geeignet, da sie in Einzelfällen zu einem unangenehmen Stressgefühl führen können. Bevor du aktiv in deinen Atemvorgang eingreifst, sollte eine Phase des sanften Praktizierens gewährleistet sein, was bewirkt, dass du im Alltag weitgehend natürlich und entspannt atmest. Sobald du vermehrt auf deinen Atem achtest und mit ihm arbeitest, ist es wichtig, dass du dabei immer fürsorglich mit dir bist und nicht versuchst, deine Atmung zu forcieren oder Ergebnisse zu erzwingen. Das gilt besonders dann, wenn du Lichtenergie in den Atemvorgang mit einbeziehst, wie in der siebten Übung für Fortgeschrittene beschrieben.

Mit den hier vorgestellten Übungen kannst du

- dich entspannen und harmonisieren.
- dich in deinem Körper verankern.
- aus deinem Gedankenkarussell aussteigen.
- dich selbst wieder besser spüren.
- dich regenerieren und vitalisieren.
- in der Gegenwart wach und präsent sein.
- deine Stimme kräftigen.
- Stabilität und Balance erlangen.
- dich mit dem großen Ganzen verbinden.

Übung 1: Sanftes Atmen

Setze oder lege dich bequem hin und nimm dir etwa 10 Minuten Zeit, um deinem Atem zuzusehen. Eine Hand liegt auf der Brust, die andere auf dem Bauch. Bewegt sich dein Brustkorb, während du durch die Nase einatmest? Oder ist er still? Wie nimmst du deinen Bauchraum wahr? Weitet und senkt sich die Bauchdecke mit deinem Atemrhythmus? Wenn du die natürliche Bewegung deines Bauches gut spürst, verbindest du dich mit deinem Atem und dehnst dich sanft in die Ausatmung hinein. Lasse dabei alle Spannung los und komme mit jedem Ausatmen mehr bei dir an. Erlaube dem Einströmen deines Atems, ganz von selbst zu geschehen, und genieße die Ruhe, die sich wohltuend in dir ausbreitet.

Übung 2: In die Hände atmen

Schließe die Augen und reibe deine Handflächen aneinander, bis sie angenehm warm sind. Dann lege deine Hände behutsam auf das Brustbein. Nimm dir Zeit und lasse den Rhythmus deiner Atmung geschehen. Was nimmst du wahr? Spürst du die Bewegung des Ein- und Ausströmens deiner Atemluft? Mit deinem nächsten Ausatmen lässt du die Hände etwas schwerer auf dein Brustbein sinken und löst den Druck erst wieder mit der Einatmung, um ihr Raum geben. Bleibe ganz in Kontakt mit dir, deiner Selbstwahrnehmung und deiner Atembewegung. Nimm deinen Brustkorb wahr. Welche Bewegung gibt es hier? Mit dem Einströmen atmest du in deine Handflächen, mit dem Ausströmen spürst du den sanften Druck auf deinem Brustbein und löst ihn wieder. Nach mehreren Wiederholungen kannst du die Hände auf deinen Unterbauch legen, um der Übung nachzuspüren. Hast du dich beruhigt? Bist du wieder mehr im Gleichgewicht und ganz präsent, im Hier und Jetzt?

Übung 3: Die Atemluft wahrnehmen

Halte inne und schließe die Augen, um bei dir selbst anzukommen. Deine Hände liegen auf den Oberschenkeln, dein Rücken und die Bauchgegend sind entspannt. Spüre die Unterlage, auf der du sitzt, und die Berührung deiner Fußsohlen mit dem Boden. Nimm eine Zeitlang bewusst wahr, dass du atmest. Dann wanderst du mit deiner Aufmerksamkeit zur Nasenspitze und erkundest den Innenraum deiner Nasenhöhlen. Kannst du fühlen, dass deine Atemluft kühl zur Nase einströmt und warm wieder aus? Sobald du merkst, dass deine Gedanken dich forttragen, kehre zurück zu deiner Wahrnehmung und folge achtsam dem natürlichen Ein- und Ausströmen deines Atems. Einmal bahnt er sich seinen Weg durch das linke Nasenloch, einmal durch das rechte und manchmal durch alle beide. Beim Ausatmen trifft er mit einer hauchzarten Berührung auf eine Stelle oberhalb deiner Lippen. Fühlst du es?

Übung 4: Die Atemlücke beobachten

Folge deinem natürlichen Atemfluss und mache dir bewusst, wie er einströmt und ausströmt, ein und aus, ein und aus. Die Atemluft kommt herein, du gehst mit. Die Atemluft fließt nach außen, du gehst mit und folgst ihr stetig mit voller Aufmerksamkeit. Deine ganze Wahrnehmung gehört der Bewegung deines natürlichen Atems. Ehe er sich wendet, kommt ein Moment, in dem du nicht atmest. Wenn du sehr wachsam bist, stößt du zwangsläufig auf die Lücke, in der kein Atem spürbar ist. Genieße diesen Augenblick, in dem dein Atem stillsteht, ohne selbst Einfluss zu nehmen. Mit deinem wachsenden Atembewusstsein weitet sich das Intervall des Stillstands, in deinem Inneren breitet sich tiefer Frieden aus.

Übung 5: Den Atem als Geschenk erleben

Lüfte den Raum, bevor du dich dem Atmen widmest, lockere einengende Kleidung und setze dich bequem hin. Die Füße berühren den Boden, dein Rücken ist aufrecht und entspannt. Dann wendest du deine Aufmerksamkeit dem Atem zu und beobachtest, wie er von selbst kommt und geht. Nimm wahr, wie du durch die Nase ein- und betont langsam wieder ausatmest. Bei der Atempause kannst du so lange verweilen, bis das Einströmen der Atemluft ohne dein Zutun geschieht. Lasse dir Zeit und wiederhole diesen Vorgang mehrmals. Mit jedem Ausströmen verlängerst du deine Ausatmung bei geschlossenen Augen und dehnst die Pause immer weiter aus, bis es nicht mehr länger geht. Jetzt öffnest du die Augen und erlebst genussvoll, wie dein Einatem »einschießt« und sich als tiefer, voller Atemzug in deinem Körper Raum nimmt. Deine Bauchdecke wölbt sich, dein Brustkorb hebt sich, die Rippen werden gedehnt und dein Atem gelangt bis in die Lungenspitzen unterhalb des Schlüsselbeins. Nach mehreren Wiederholungen bist du erfrischt, hellwach und präsent.

Übung 6: Vokalatmung

Ist deine Stimme beruflich gefordert, weil du viel sprechen musst oder auf den Bühnen des Lebens stehst? Oder bevorzugst du eine Genussübung, die deine Sinne auf angenehme Weise anregt und dich ganz in die Hingabe bringt? Wenn Atmung und Stimme zusammenwirken, entsteht ein Resonanzraum. Die daraus resultierenden Schwingungen breiten sich in deinem Körper aus und bringen ihn zum Vibrieren. Je nach Vokal werden unterschiedliche Körperbereiche angesprochen und stimuliert. An der Verbreitung der Vibration lässt sich erkennen, ob einzelne Körperpartien durchlässig sind oder nicht. Verspannte Bereiche können sich lösen. Durch die Technik der Vokalatmung kannst du deine Atmung mühelos vertiefen. Deine Stimme wird voll und wohlklingend. Die vermehrte Zufuhr von Sauerstoff hat eine vitalisierende Wirkung.

Vokalatmung kann im Liegen, aufrecht sitzend oder im Stehen praktiziert werden. Achte darauf, dass dein Bauchraum nicht durch enge Kleidung beeinträchtigt wird. Schließe die Augen und lege beide Hände auf den Brustkorb. Atme mehrmals ruhig ein und wieder aus. Mit dem nächsten vollen Atemzug lässt du beim Ausatmen den Vokal »Aaaa« ertönen, bis er ganz ausklingt und das Einatmen wie von selbst einsetzt. Mit jedem entspannten Ausströmen deines Atems wird der Klang deiner Stimme voller. Die Tonlage bleibt gleich, die Atemzüge verlängern sich, die Atempause nimmt mühelos immer mehr Raum ein. Spüre das Vibrieren im Brustkorbbereich und genieße es, bis deine Sinneswahrnehmung den ganzen Moment ausfüllt und sich in der Zeitlosigkeit verliert. Nach mehrfachen Wiederholungen wechselst du zum nächsten Vokal und passt deine Lippen entsprechend an. Die Laute »Eeee« und »Iiii« erklingen im oberen Körper- bzw. Kopfbereich, »Oooo« und »Uuuu« hingegen im Bauch- bzw. Beckenbereich, das »Aaaa« ertönt in der Mitte und aktiviert deinen Herzensraum. Er beginnt zu schwingen, wird weit und weich. Mit der Dauer der Übung verstärkt sich die harmonisierende, entspannende Wirkung, bis du ganz und gar in der Gegenwart ankommst. Vokalatmung sollte ohne jede Forcierung ausgeführt werden. Wenn du merkst, dass du verkrampfst, nimm ein bis zwei ruhige, freie Atemzüge und setze mit dem Ausatmen erneut wieder ein.

Übungsteil für Fortgeschrittene: Atem & Imagination verbinden

Das kosmische Kreuz

Zu den universalen Grundsymbolen für alles, was auf der Erde und durch sie lebt, gehört das Kreuz. Auf makrokosmischer Ebene symbolisiert das »kosmische Kreuz« die gesamte Schöpfung in all ihren Erscheinungen. Mit seinen Achsen weist es in alle Himmelsrichtungen und bildet vier gleichmäßige Quadranten, denen die Jahreszeiten, Elemente und weitere universelle Prinzipien zugeordnet werden. Das Kreuz war schon lange vor seiner Verwendung im Christentum ein Zeichen für die Verbindung von Gegensätzen: Himmel und Erde, oben und unten, männlich und weiblich. Es symbolisiert den Manifestationsprozess vom Geistigen in die Materie. Da es nach allen Richtungen verlängerbar ist, wird das Kreuz manchmal auch als Symbol des ewigen Lebens angesehen. Es vereint die vier Himmelsrichtungen und stellt ein kosmisches Zentrum dar, den Schnittpunkt von Raum und Zeit, das »Hier« und das »Jetzt«. So ist das einfach zu zeichnende Kreuz ein perfektes Dualsystem und eines der wichtigsten Ursymbole.

Übung 7: Kreuzatmung

Wenn du aufrecht stehst und beide Arme ausbreitest, kannst du die Gestalt des Kreuzes in deinem Körper nachvollziehen. In dieser Haltung bist du in der Lage, die horizontale und die sich kreuzende vertikale Achse wahrzunehmen, die dein Körper aufspannt – in der Bewegung von rechts nach links, von links nach rechts, und in der Bewegung von oben nach unten, von unten nach oben. Mache dir bewusst, dass dein Körper mit den ausgestreckten Armen, dem Kopf und den geschlossenen Beinen in vier Richtungen zeigt, deren Mittelpunkt sich im Brustbeinbereich auf der Höhe deines Herzens befindet. Dieser Kreuzpunkt ist ein Ort zentrierter Kraft, der auch als spirituelles Zentrum des Menschen bezeichnet wird.

So vergegenwärtigst du dir auf der mikrokosmischen Ebene deines Körpers das Ursymbol für Raum und Zeit. Die aufrichtende Bewegung der Senkrechten stärkt deine Stabilität, die ausgleichende Bewegung der Waagrechten schenkt dir Balance. Wie fühlt es sich an, sich als gesamtes Kreuz zu erfahren, als die vier Strahlen des Kreuzes und als Kreuzungspunkt zugleich? Und wie geht es dir mit der Vorstellung, deine Senkrechte über die Füße hinaus zu verlängern, sie wie mit einem Lot in die Erde zu versenken und mit dem Erdmittelpunkt zu verankern? Spürst du, dass dich der Vorgang erdet und dir Standfestigkeit verleiht? Und wenn du die gegenläufige Bewegung vollziehst und deine Vertikale weit über den Scheitelpunkt hinaus ins Universum verlängerst – wie fühlt es sich an, so hoch hinaufzustreben, dich ganz und gar aufzurichten, dabei Himmel und Erde zu verbinden wie ein riesiger Baum? Dasselbe kannst du nun mit deiner Horizontalen vollziehen, indem du die waagrechte Achse über deine Arme und Hände hinaus in beide Himmelsrichtungen verlängerst, bis sie zum jeweiligen Horizont reicht und beide Pole vereint, den männlichen und den weiblichen.

Im nächsten Schritt bringst du deinen geführten Atem ins Spiel, entweder stehend oder auf dem Rücken liegend. Alle denkbaren Bewegungen der vier Richtungen – bis hin zum Mittelpunkt deines inneren Kreuzes und von ihm ausgehend – kannst du nun erneut vollziehen, indem du deinen Atem bewusst lenkst. Zum Beispiel atmest du über deinen Scheitelpunkt <u>Prana</u> ein, bis in dein spirituelles Zentrum, und von dort über die Länge deiner Beine und Fußsohlen wieder aus (mit Richtungswechsel). Dann atmest du <u>Prana</u> zunächst über deine linke Handinnenfläche und die ganze Länge deines linken Armes ein bis zum Kreuzmittelpunkt und über den rechten Arm und die rechte Handinnenfläche wieder aus (mit Richtungswechsel). So nimmst du mit der aktiven Einatmung über deine sensiblen Körperstellen – Scheitelpunkt, Handinnenflächen und Fußsohlen – Lebensenergie auf, führst sie deinem spirituellen Zentrum zu und unterstützt von dort ausgehend mit deiner aktiven Ausatmung die aufrichtende und ausgleichende Wirkung entlang deiner beiden Körperachsen. Dabei erfährst du dich entweder als aufnehmendes oder als ausstrahlendes Zentrum.

Wenn du mit deinem geführten Atem regelmäßig die Bewegungen zwischen der Vertikalen und Horizontalen vollziehst, wird das »kosmische Kreuz« in dir lebendig und du baust eine Brücke zu allen mit ihm verbundenen universellen Prinzipien. Mit der Öffnung erlebst du das Kräftespiel der beiden Achsen und bist einmal mehr dem Himmel, ein anderes Mal mehr der Erde zugewandt, einmal stärker dem männlichen Pol und ein anderes Mal stärker dem weiblichen. Bewusstes Einatmen ermöglicht es dir, das Licht und die Liebe des Kosmos aufzunehmen und sie an dein Herz, an die Menschen, an Mutter Erde und an die ganze Welt weiterzugeben. Du kannst dir Prana ebenso als Lichtenergie, als Farbe oder Regenbogen vorstellen und es mit deinem gelenkten Atem durch die Vertikale und Horizontale führen, oder zu jeder beliebigen Stelle deines Körpers, die der Zuwendung bedarf. Immer zum spirituellen Zentrum hin und von dort aus zu den betreffenden Körperstellen, wobei zum Beispiel die Farbe Rosa deiner Herzfrequenz, also der Schwingung von Liebe entspricht, und die Farbe Grün Heilung bewirkt. Farben und Farbtöne entstehen durch eine Brechung des Lichts, sie weisen unterschiedliche Frequenzen auf und besitzen dadurch ihre individuelle Wirkung. Mit Aufnahme der Licht- und Farbenergie erhöht sich die Kraft deines Atems um ein Vielfaches.

Drei Fragen zur Selbstreflexion:

- Ist mein natürlicher Atemfluss entspannt?
- Bin ich mir im Alltag meiner Atmung bewusst?
- Welche Übung spricht mich an, um meinen Atem besser zu spüren?

AFFIRMATION: Ich atme tief und verbinde mich mit der Energie des Lebens.

2.2 Die Kraft der Intuition

Du hast gerade an jemanden gedacht – und schon ruft er an. Kennst du das? Wenn unsere intuitive Wahrnehmung funktioniert, kann sich das unheimlich oder großartig anfühlen, in jedem Fall versetzt es uns in Erstaunen.

Kennst du das auch? Du wälzt ein Problem, zermarterst dir das Gehirn, um eine Lösung zu finden. Es raubt dir sogar den Schlaf – und in einem unerwarteten Moment, in dem du dich entspannst, bei einem Spaziergang oder einer Tasse Kaffee – weißt du plötzlich genau, wie du mit der schwierigen Situation umgehen sollst.

Deine Intuition kennt immer den Weg, sie begleitet dich täglich. Intuitive Wahrnehmungen durchdringen dein ganzes Leben. Dein Geist und deine Körpersinne erlauben es dir, sie zu erfahren – in Form von Impulsen, Geistesblitzen, inneren Bildern oder Einfällen. Sobald du etwas Abstand gewinnst und innerlich loslässt, entsteht der Raum, um zu erkennen, was wirklich wichtig ist, worauf es in diesem Augenblick ankommt.

Was bedeutet eigentlich Intuition?

Aus wissenschaftlicher Sicht gibt es keine Definition für »Intuition« und dennoch hat sie jeder Mensch. Nur wie fallen uns diese Eingebungen zu? Woher nehmen wir unsere Kreativität, unsere Aha-Erlebnisse und unser gefühltes Wissen? Kommen sie von außen oder von innen aus unserem Unterbewusstsein, oder gar aus beiden Bereichen?

Im Lateinischen bedeutet »*intuere*« anschauen, hineinschauen, erkennen. Die sinngemäße Ableitung wäre also: den Blick nach innen richten, innere Bilder wahrnehmen, der inneren Stimme lauschen und über diesen Weg – im wahrsten Sinne des Wortes – Einsichten gewinnen.

Dabei geht es mehr um ein inneres subjektives Gefühl, ein Gespür aus dem Bauch heraus, um ein unmittelbares Erkennen dessen, was wirklich stimmig ist – jenseits von Logik, Vernunft und rationalem Denken.

IMPULS FÜR DICH

Auch du kannst einen Zugang zu deiner Intuition entwickeln und damit dein Leben bereichern, unabhängig davon, ob du Mann oder Frau bist. Du kannst sowohl deine Vorstellungskraft als auch dein Bauchgefühl schulen und der inneren Wahrnehmung deiner Mitte mehr Raum geben. Du kannst mehr Fragen an sie richten, ihnen mehr Aufmerksamkeit schenken, ihnen mehr und mehr vertrauen. Und du kannst immer wieder innehalten und zu dir sagen: »Stopp! Ich warte und lausche erst, bevor ich eine Entscheidung treffe. Ich blicke und horche lieber nach innen und spüre dem nach, was stimmig für mich ist, wohin mein Bauch mich führt und auch mein Herz.«

Intuition und die Kraft der Gegenwart

Intuition bedeutet auch seelische Beeindruckbarkeit. Sie kommt aus dem eigenen inneren Wesenskern, aus den verborgenen Schichten unseres Selbst, aus dem Raum der Stille und Leere in uns – und sie ist mit Zeitlosigkeit verbunden, mit dem jetzigen Moment.

> **MERKSATZ:** Intuition ist in der Gegenwart zu Hause. Eingebungen sind nur in der Gegenwart möglich.

Hier steckt das wahre, kreative Potenzial deines Seins. Indem du bewusst innehältst, hinhörst und lauschst, entsteht mehr Raum im Hier und Jetzt. Im Augenblick inspirativer Impulse steigt dein Energieniveau, der zündende Funke geht auf dich über und du bist von Freude erfüllt. Gleichzeitig entstehen Klarheit, Gewissheit und ein sich ausdehnendes Gefühl von Leichtigkeit und Weite.

Im Gegensatz zu unseren Sinneswahrnehmungen oder rationalen Fähigkeiten ist die Intuition zeitlich und räumlich unbegrenzt. Sie kann uns etwas über Dinge sagen, die erst in der Zukunft geschehen werden, über Dinge, die wir noch nicht gesehen haben und die sich an Orten befinden, an denen wir noch nie waren.

WAS DU DABEI GEWINNST: Durch deine mentale Offenheit und die Bereitschaft für Neues, unerwartete Impulse zu empfangen, immer wieder neue Wege zu gehen, dehnst du auch deinen Innenraum aus und schaffst so den Platz dafür, dass etwas Überraschendes hereinkommen kann. Wenn du deine Fühler ausstreckst und empfänglich wirst – wie der Kelch einer Blüte –, erlaubst du der Intuition, zu dir zu kommen und dich mit Einsichten, Eingebungen und Erkenntnissen zu beschenken.

Wie du Raum für Eingebungen und Ideen schaffst
Vertraue deiner Intuition. Höre auf dein Bauchgefühl. Es trügt nicht. Es gibt einen Teil in dir, der über alles Wissen verfügt, das du in deinem Leben benötigst. Dieser intuitive Sinn ist dir angeboren, aber die meisten Menschen lernen schon früh, ihm zu misstrauen oder ihn völlig zu ignorieren. Daher müssen sie eine Fähigkeit wieder erlernen, die eigentlich völlig natürlich ist.

Unser Alltag ist oft von Routine geprägt, von Gewohnheiten und erlernten Abläufen. Dabei handelt es sich um vorgegebene Muster und Strukturen, die unser Leben erleichtern, die uns unterstützen und sehr hilfreich sind: Zum Glück müssen wir nicht jedes Mal von Neuem lernen, unser Auto zu starten! Gewohnte Abläufe helfen uns dabei, unter Zeitdruck den Alltagsstress zu bewältigen, auch das gilt es zu würdigen. Wenn wir aber überwiegend Automatismen unterliegen, funktioniert zwar unser Alltag – doch unsere innere Stimme wird immer leiser und unsere natürlichen intuitiven Fähigkeiten gehen verloren.

Selbst Albert Einstein, sicher einer der herausragenden Köpfe der neueren Zeit, räumte ein, dass eine wissenschaftliche Erkenntnis zunächst mit Hilfe der Intuition gewonnen und erst später durch die Logik bestätigt wird. Im alltäglichen Normalzustand filtert unsere Logik Gefühle, Emotionen und sogar intuitive Impulse heraus. Im sensitiven Zustand hingegen steht die Intuition im Vordergrund und ist die Basis für alle anderen Sinne.

> **IMPULS FÜR DICH**
>
> Der Intuition zu folgen ist keine ungreifbare spirituelle Erfahrung, sondern etwas ganz Einfaches und Praktisches, wenn du lernst, auf deine Instinkte zu achten, auf Ahnungen, die aus deinem Inneren kommen. Glücklicherweise ist es nicht allzu schwierig, auf die Stimme deiner Intuition zu hören, du benötigst nur ein wenig Übung.

Wenn es dir gelingt, dein Tempo etwas zu verlangsamen, es vom fünften in den vierten oder gar dritten Gang herunterzuschalten, kommst du wieder in Kontakt mit deinen Körperempfindungen, du spürst deinen Atem und vielleicht auch deinen Herzschlag. Gönne dir immer wieder ein Zeitfenster, um innerlich einen Schritt zurückzutreten in einen Raum der Ruhe und Entspannung, frei von To-dos, dann wird auch die Stimme deutlicher vernehmbar, die von tief innen zu dir spricht und die im Alltagslärm so gern überhört wird.

Wir alle begegnen der Welt mit Hilfe unseres Denkens, Fühlens, unserer sinnlichen Wahrnehmung und der Intuition. Die Empfindung sagt uns, dass da etwas ist. Das Gefühl sagt uns, ob es uns gefällt oder nicht. Das Denken lässt uns wissen, was es ist. Die Intuition gibt uns Hinweise, woher es kommt und wohin es geht.

Dein intuitiver Sinn ist eine kostbare Gabe – er ist ständig präsent, wenn auch unsichtbar, und er geht mit deiner inneren Stimme einher, die du hören lernen kannst. Sie ist dir ins Leben mitgegeben worden und geht nie ganz verloren. Sie wird nur leiser, wenn sie nicht von dir genutzt wird.

Was deiner Intuition die Kraft raubt

In unserer Gesellschaft dominieren Zahlen, Daten und Fakten. Wissenschaftlich fundierte Erkenntnisse, Analysen und permanente News beherrschen unser Leben. Das kognitive Wissen ist hilfreich und wichtig – doch wenn es uns einseitig überflutet, versperrt es uns den Zugang zur Intuition und wir verlieren den Kontakt zu unserer inneren Weisheit.

Oftmals ist selbst unsere Freizeit durchgetaktet, auf allen Medienkanälen locken Events, Vergnügen oder Pflichten – ohne Atempausen, ohne Muße und Zeit für uns selbst. Durch mobile Endgeräte und das Internet sind Ablenkung und Zerstreuung permanent verfügbar und wir wissen nicht mehr, wie heilsam Langeweile sein kann. Zu viele äußere Eindrücke vernebeln unseren Geist und schläfern ihn ein.

Dabei basiert der sechste Sinn, wie wir ihn aus dem Volksmund kennen, auf einem ausgeglichenen Zusammenspiel von Körper und Geist. Menschen, die in Balance sind, folgen öfter ihrer Intuition als Menschen, die stressige Zeiten zu bewältigen haben und die Kopf und Bauch wie voneinander abgeschnitten erleben

MERKSATZ: Die Intuition ist die Botschafterin der Seele, sie steht in direktem Kontakt mit dem Unterbewussten.

Doch es gibt auch einen inneren Widersacher, der sich aus alten Konditionierungen speist und unser Bauchgefühl ignoriert, der an unserem intuitiven Wissen zweifelt und der bestrebt ist, uns vom Urvertrauen und unserem naturgegebenen Instinkt zu trennen. Er raubt uns die vitale Lebenskraft, hält uns für unfähig, unsere bedeutendsten Träume und Lebensziele zu verwirklichen. Er versucht, alles Wachstum zunichtezumachen und verschließt den Zugang zu unserer inneren Führung.

Wie schnell sind wir gefangen in unseren Gedankenkreisen, verloren im Grübeln über Vergangenes, sind am Hadern mit der Situation oder vergleichen uns mit anderen. Oft zweifeln wir an unseren Fähigkeiten, verlieren den Kontakt zu uns selbst, erst recht zu unserer Intuition. Wir alle erleben privat wie beruflich immer wieder dunkle Augenblicke, in denen wir uns aus allen möglichen Gründen blockiert fühlen. Nur wenn wir vertrauensvoll loslassen und die Kontrolle aufgeben, entsteht der Raum, in dem Veränderung möglich ist.

Wenn du sehr verstandesorientiert lebst, fällt es dir vermutlich schwerer, Verbindung mit deiner Intuition aufzunehmen. Du solltest dann erst einmal lernen, dich zu entspannen, und deine Gedanken für eine Weile zur Ruhe kommen lassen. Bist du emotional erregt oder blockiert, brauchst du zunächst vielleicht etwas gefühlsmäßige Zuwendung, die du dir entweder liebevoll selbst gibst, oder du suchst dir Unterstützung und Heilung von außen, bevor du in Kontakt mit deinem intuitiven Sinn treten kannst.

Was deiner Intuition Nahrung gibt

Dein intuitiver Sinn geht stets mit einer besonderen Empfindung einher. Die Fertigkeit, das Gespür dafür zu entwickeln, deiner inneren Stimme zu lauschen und wahrhaftige Entscheidungen zu treffen, lässt sich am besten mithilfe von kleinen, alltäglichen Aufgaben üben. Achte bei deinen Entscheidungen auf deinen Bauchraum: Ist er angespannt oder fühlt er sich wohl, warm und weich an? Dabei hilft es dir, offen und neugierig zu sein, Fragen zu stellen und den Dingen auf den Grund zu gehen. Gehe dabei nachsichtig vor, freundlich und wohlwollend mit dir selbst, ohne zu werten oder zu urteilen.

WAS DU DABEI GEWINNST: Wer lernt, auf seine Intuition zu hören, lebt und handelt im Vertrauen. Eine enge Beziehung zu deiner Intuition ruft eine ungeahnt erfrischende Spontanität in dir hervor. Sie kann dir sagen, was Wahrheit und was Täuschung ist. Sie ist dein innerer Kompass, der dir aufzeigt, welche Richtung du einschlagen sollst. Wenn du den Wegweisern traust, die deine Intuition dir aufzeigt, erkennst du schnell, ob das, was dein Kopf dir sagt, auch den Bedürfnissen und der Vision deines innersten Wesens entspricht.

IMPULS FÜR DICH

Von Zeit zu Zeit solltest du dich also ruhig an einen stillen Ort zurückziehen, eine Kerze anzünden und in dich hineinhorchen. Was sagt deine innere Stimme in diesem Augenblick der bewussten Hinwendung? Stehst du in einer guten Verbindung zu ihr, kannst du deine Inspirationen und Impulse wahrnehmen? Schenkst du der Stimme aus deinem Bauch täglich genügend Aufmerksamkeit?

In welcher Form spricht deine Intuition zu dir? Fällt es dir leicht, dich visuell auszurichten, tauchen in deinem Geist spontan Bilder auf? Vielleicht hörst du Worte oder eine innere Stimme, die manchmal zu dir spricht. Oder hast du es schon erlebt, dass du ungewöhnliche Körperempfindungen hast? Vielleicht bereitet dir ein bestimmter Gedanke Gänsehaut oder er bringt ein Kribbeln mit sich. Sei achtsam und nimm all die kleinen Zeichen wahr, ohne etwas Bestimmtes zu erwarten oder es gleich zu beurteilen.

Im Alltag Intuition und Inspiration verbinden

Je nachdem ob du bereits ein Tagebuch führst, kannst du eins anlegen oder es um die Fragestellungen erweitern, die dich bewegen. In dieses Tagebuch trägst du deine intuitiven Ideen, Träume, Bilder und Antworten ein. Wenn dich das Leben mit Herausforderungen konfrontiert, kannst du darauf zurückgreifen.

Mit regelmäßigen Notizen in deinem Ideentagebuch wirst du feststellen, dass dein Unterbewusstsein mit kreativen Gedanken und Hinweisen aufwartet, die immer reichhaltiger fließen, je mehr Aufmerksamkeit du deinen intuitiven Prozessen schenkst.

Wenn es sich um ein komplexes, scheinbar unlösbares Problem handelt, lässt du die Sache am besten ruhen – und plötzlich, völlig unerwartet, kommt dir eine rettende Lösung in den Sinn. Bei genauem Hinsehen bemerkst du, dass dir die Antwort im Moment des Loslassens und der Entspannung eingegeben wurde – eine wichtige Entdeckung!

> **MERKSATZ:** In der Kunst kann sich die Verbindung zur Intuition besonders gut entfalten.

Vielleicht hast du schon einmal erlebt, dass du in kreativen Momenten ganz klar deine innere Stimme empfangen hast. Vielleicht als du getanzt hast. Vielleicht als du gesungen hast. Vielleicht als du damit beschäftigt warst, ein Bild zu malen oder deiner lyrischen Ader freien Lauf zu lassen.

Jeder Mensch verfügt über eine kreative Begabung, die seine Sinne anspricht, die ihm Freude bereitet und bei der er sich lebendig fühlt. Indem wir die Kunst anderer genießen oder selbst künstlerisch tätig sind, können wir uns gut mit unserem Gefühlsleben verbinden. Und wenn wir mit unseren Gefühlen im Einklang sind, empfangen wir oft geniale Eingebungen.

Die Kraft der Stille in dir

Eine außergewöhnliche Form der Askese hält Einzug in unsere laute, nervöse Welt: Stille. Wir sehnen uns so sehr nach ihr, dass wir sie wie ein Happening genießen. Einige amerikanische Restaurants bieten »*Silent Dinners*« an, bei denen die Gäste ihre Mahlzeiten schweigend einnehmen. Bei »*Silent Yoga*« werden Übungen nicht langwierig erklärt, sondern nur sorgfältig vorgemacht.

Dahinter steht die Erkenntnis, dass Reden den Kopf vernebeln kann, aber Schweigen die Sinne schärft, weil es aufmerksam macht auf das, was in unserem Inneren vorgeht. Und auf das, was um uns herum passiert. Schweigen bedeutet mehr, als nicht zu sprechen. Es gibt auch das Schweigen des Körpers und der Gefühle, das Schweigen der Gedanken und Vorstellungen darüber, was unser inneres Feuer nährt und was das Licht in uns zum Leuchten bringt.

IMPULS FÜR DICH

Gönne dir eine Zeit der großen Ruhe, der Stille und des Schweigens – nicht im Sinne der Sprachlosigkeit, sondern des inneren Lauschens, Zeit der Besinnung und insofern eines gewissen Rückzugs aus der Welt, aber auch Zeit, in der du kreativ und schöpferisch werden kannst.

Wenn sich das Lebenstempo verlangsamt, ist das eine wundervolle Gelegenheit innezuhalten, um bei Kerzenschein und einer heißen Tasse Tee die vergangene Zeit zu überdenken, dir Raum für dich selbst zu nehmen und dich neu auszurichten. Stille sinkt hernieder. Sie bringt dein Herz und deine Gedanken zur Ruhe.

Die Kraft der Intuition – Übungsteil

Am besten nimmst du dir regelmäßig ein wenig Zeit für deine natürliche Gabe der Intuition, anstatt nur ein einziges Mal sehr viel. Besonders eignet sich der Morgen, unmittelbar nach dem Aufwachen, da dein Geist dann noch durchlässig und der Verstand noch nicht gänzlich aktiv ist. Je aufmerksamer du in dich hineinlauschen lernst, desto klarer vernimmst du die zarten Botschaften deiner Intuition. Sie drückt sich vor allem durch leise, innere Impulse aus. Im Vergleich zum Verstand und deiner Gefühlswelt ist die Stimme deiner Intuition sehr fein und sanft. Gehe es spielerisch an und sorge dafür, dass du beim Üben möglichst entspannt bist.

Mit den hier vorgestellten Übungen kannst du

- Inspiration für deinen »Herzensweg« finden.
- dein Leben sorgloser, leichter und vertrauensvoller führen.
- aus deiner inneren Weisheit schöpfen.
- Entscheidungen treffen, die stimmig für dich sind.

Hinweis: Deine Intuition kann sich auf unterschiedliche Weise zeigen. Manche Menschen hören Worte oder die eigene innere Stimme, andere sehen Bilder und wieder andere nehmen Körperempfindungen wahr wie ein Kribbeln, Zittern oder eine Gänsehaut. Oftmals vermischen sich die

Eindrücke und Sinneswahrnehmungen. Sei wachsam, dabei möglichst erwartungsfrei, und nimm auch die kleinen Zeichen wahr, ohne sie sofort zu beurteilen. In der Regel ist der erste Impuls deine Intuition. Etwa zwei Prozent der Bevölkerung leidet unter dem Phänomen der »Aphantasie«, doch auch Menschen, die keinerlei Bilder wahrnehmen, können durchaus intuitiv sein.

Übung 1: Die heilende Kraft der Natur

Liebst du das »Waldbaden« und den Gesang der Vögel im Morgengrauen? Fühlst du dich vom Auf- und Untergang der Sonne wie magisch angezogen? Dann gehe am besten möglichst oft in die Natur. Betrachte die Schönheit einer Quelle, eine bunte Blumenwiese oder den grenzenlosen Himmel. Nimm mit jedem Schritt die nährende Erde und das Licht der Sonne auf, beides kannst du im Herzen verbinden. Die Kraft des Wassers stärkt deine Intuition. Gehe zu einem fließenden Gewässer, zu einem Wasserfall, Fluss oder Bach. Dort suchst du einen Stein, nimmst Platz und schließt die Augen. Lasse alle Bilder, Gefühle und Erinnerungen zu, die in dir aufsteigen, während du dem Geräusch des Wassers lauschst. Halte den Stein in der Hand und stelle dir vor, dass er alles aufnimmt, was du jetzt loslassen möchtest. Atme die frische Luft der Natur ein und lasse mit der Ausatmung alle Belastungen aus deinen Händen in den Stein fließen. Bedanke dich bei ihm und übergib ihn dem Wasser. Fühlst du dich durch das Ritual befreit und erleichtert? Dann öffne dich jetzt bewusst dem gegenwärtigen Moment und allen neuen Impulsen.

Übung 2: In Zwischenräumen verweilen

Gönne dir immer wieder Zeit, um dich in die Zwischenräume zu versenken. Die Pausen zwischen Aus- und Einatmen, die Räume, die sich im Körper durch dein Einatmen weiten, die Lücken zwischen deinen Gedanken oder den Klängen, die du hörst. Letztendlich besteht jedes Atom im Wesentlichen aus Zwischenraum. Es gibt also jede Menge Platz, um dich aktiv und wach darin auszubreiten. Mit deiner Konzentration auf die Zwischenräume kommt dein Verstand zur Ruhe und dein wahres Sein verankert sich im Jetzt. In dieser stillen, zeitlosen, formlosen Leere, in der dein Selbst mit der Quelle allen Lebens verbunden ist, entsteht der Raum für Eingebungen, Einfälle und Inspirationen, die deinen geheimsten Gedanken, tiefsten Gefühlen und stärksten Sehnsüchten entsprechen.

Übung 3: In der Dunkelheit meditieren

Mit offenen Augen in absoluter Dunkelheit zu meditieren ist eine eigene, sehr entspannende Erfahrung. Schaffe dir eine reizarme Situation, in der du in die Dunkelheit blicken kannst, vielleicht mit einem leichten, dicht gewebten Tuch über dem Kopf oder in einem fensterlosen Raum. Lasse die Dunkelheit auf dich wirken und dich von ihr einhüllen. Erde, Dunkelheit und Wasser sind der Urgrund der Schöpfung, die Mutter von allem, der ursprüngliche Schoß. Spüre, wie dich das mütterliche Dunkel schützend umhüllt. Du bist immer darin geborgen. Hier kannst du die Tür zu deinem Unterbewusstsein öffnen und deine Herzenswünsche zulassen. Wofür bist du angetreten? Welche Aufgabe hält das Leben für dich bereit? Wohin soll die Reise fortan gehen? Alles beginnt mit deinem Vorstellungsvermögen. Erlaube dir, frei zu denken, denn die

> Grenze setzt immer nur du selbst. Lasse im Dunkeln die Bilder deiner Möglichkeiten entstehen und nimm wahr, wie sich die verschiedenen Wege anfühlen.

Drei Fragen zur Selbstreflexion:

- Auf welche Weise lebe ich meine intuitiven Fähigkeiten?
- Habe ich den Mut, meine innere Wahrheit zu erkennen?
- Welche Zeichen gibt es in meinem Leben, denen ich folgen sollte?

AFFIRMATION: Ich vertraue meiner inneren Führung und lasse sie durch mich wirken.

2.3 Die Kraft des Herzens

Wir alle wollen im Einklang mit unseren Gedanken, Gefühlen und Handlungen sein. Wir sehnen uns danach, ein offenes, unbeschwertes und liebevolles Herz zu haben, um lebendige zwischenmenschliche Beziehungen führen zu können. Familiäre Bindungen, Freundschaften und Partnerschaften bestimmen die Qualität unseres privaten und beruflichen Alltags.

Wie oft ertappen wir uns dabei, dass unerwünschte Emotionen in uns aufsteigen wie Angst, Enttäuschung oder Wut. Das Leben formt uns Tag für Tag. Es färbt unsere Stimmungen und Befindlichkeiten, je nachdem wie gut es uns gelingt, herausfordernde Einflüsse von außen zu integrieren und zu verarbeiten.

Wenn du Momenten der Zufriedenheit, des Vertrauens und des Glücks in deinem Alltag mehr Raum geben möchtest, stehst du vor der Aufgabe, das harmonische Zusammenspiel von Körper, Geist und Herz bewusst zu kultivieren. Warum diese Balance so entscheidend für dein tägliches Wohlbefinden ist, für persönliches Wachstum und deine innere Kompetenz, darum geht es in diesem Kapitel.

> **MERKSATZ:** Das Verhältnis, das wir zu unserer Umwelt pflegen, ist ein Spiegel der Beziehung zu uns selbst.

Je mehr Herzensliebe du für dich fließen lässt, desto heiterer gehst du deinen Lebensweg. Je fürsorglicher und mitfühlender du mit dir umgehst, desto wohlwollender und unkomplizierter gestaltet sich der Kontakt mit deinen Mitmenschen. Wenn es dir gelingt, diese Liebe für dich selbst zuzulassen, dich von ihr nähren und durchfluten zu lassen, bist du auch in der Lage, auf die Anliegen oder Bedürfnisse anderer verständnisvoll und einfühlsam zu reagieren. Deine liebevolle Selbstfürsorge ist die Basis für ein Leben aus der Fülle.

Wenn unsere Gefühle verletzt und unsere Erwartungen zu oft enttäuscht wurden oder wir schon als Kind erleben mussten, dass unsere Offenheit missbraucht wurde, erleidet unsere Liebesfähigkeit eine starke Beeinträchtigung. Wir treten den Rückzug an, werden immer ängstlicher und vorsichtiger, bis unser Herz schließlich ganz verschlossen bleibt, um uns vor weiterem Schmerz zu schützen. Wir verharren im Groll, legen uns eine Rüstung an und reagieren mit Zorn, Hass oder Rachsucht – in schweren Fällen wird das Herz hart und kalt oder sogar krank.

Bedauerlicherweise verschließen wir uns damit auch

vor der Liebe, die wir in unserem Inneren tragen. Wir suchen sie immer wieder vergeblich im Außen. Wir passen uns an, wir strengen uns an, doch es fließt keine Herzenergie mehr. Gängige Redewendungen aus dem Volksmund zeigen, wohin uns Beziehungsleid und zwischenmenschliche Konflikte führen können: »Hätte ich ihm doch niemals mein Herz geschenkt«, »Es bricht mir das Herz«, »Sie ist an einem gebrochenen Herzen gestorben«.

IMPULS FÜR DICH

Die gute Nachricht lautet: Du kannst jederzeit die Entscheidung treffen, dein Herz wieder mehr zu öffnen, und über diesen Weg deine Liebesfähigkeit zurückgewinnen. Du kannst das Geschehene betrauern und den Menschen vergeben, die dich in der Vergangenheit gekränkt haben. Du kannst die Verletzungen annehmen, sie integrieren und loslassen, indem du das Licht in deinen Mitmenschen siehst und verständnisvoll auch deren Geschichte würdigst. Mit der Heilung des Herzens erfährst du, dass Schmerz und Angst entstehen und vergehen. Indem du lernst, dem Leben und dir selbst gegenüber eine von Liebe geprägte Haltung einzunehmen, entfaltest du deine Herzenskraft. Du wirst immer zufriedener, glücklicher und die Momente, in denen du dich innerlich frei fühlst, nehmen zu.

Die Intelligenz des Herzens

Im Gegensatz zu alten Überlieferungen wie der Traditionellen Chinesischen Medizin oder des Ayurveda, die das Herz als Quelle wahrer Kraft beschreiben, vertrat die westliche

Wissenschaft lange Zeit den Standpunkt, dass unser Gehirn das Hauptorgan des menschlichen Organismus sei. René Descartes reduzierte das Herz nur mehr auf seine Mechanik als rhythmischer Muskel. Mit etwa 100.000 Schlägen täglich pumpt es das Blut durch die Adern, um Körperorgane und Gewebe zu versorgen, doch es ist wesentlich mehr als ein Lebensmotor. 25 Jahre wissenschaftliche Forschungen am HeartMath® Institut in Zusammenarbeit mit der Stanford Universität haben bestätigt, dass das Herz den Menschen stärker beeinflusst als der Verstand. Warum ist das so?

Wusstest du, dass unser Herz in der Embryonalentwicklung zu schlagen beginnt, noch bevor sich das Gehirn bildet? Man fragt sich, kraft welcher Intelligenz der Herzschlag beginnt und reguliert wird. Forscher haben entdeckt, dass unser neuronales System mit dem Gehirn in Verbindung steht. Es arbeitet völlig eigenständig, weist etwa 40.000 Nervenzellen auf und überträgt mehr Impulse, als es empfängt. Eine weitere wissenschaftliche Errungenschaft, die vielleicht noch großartiger ist, besagt, dass das elektromagnetische Feld des Herzens 5.000-mal stärker ist als das des Gehirns und somit das stärkste aller Organe im menschlichen Körper. Mit seiner Intelligenz kann es sehr viel schneller, unmittelbarer und zahlreicher Botschaften aufnehmen und weiterleiten.

Kardiologen sprechen auch von einem untrennbaren »Herz-Hirn-System«, gemeint ist der fortwährende unbewusste Austausch emotionsbasierter Signale. Ob durch Anspannung, Sorgen, Stress oder Trauer verursacht: Gefühle, die uns Kraft kosten und hinunterziehen, bringen uns nicht nur emotional aus dem Gleichgewicht.

MERKSATZ: Sämtliche Gedanken und Gefühlsregungen, auch die unbewussten, beeinflussen den Herzrhythmus in hohem Maß.

Er wird augenblicklich schneller und der Blutdruck steigt, sobald uns etwas in eine innere Aufregung versetzt. Der Körper geht in Alarmbereitschaft. Durch heilsame Empfindungen wie Dankbarkeit, Freude, Wertschätzung oder Mitgefühl entsteht ein harmonisches Herzschlagmuster, das sich auf die unzähligen Rhythmen in unserem Organismus ebenso stabilisierend auswirkt. In diesem Fall spricht man von Herzkohärenz, das heißt, die Herzschläge weisen einen sehr gleichmäßigen Wechsel zwischen Beschleunigen und Verlangsamen auf. Diese Kohärenz ist ein wichtiger Indikator für die eigene Vitalität, für die Leistungsfähigkeit von Gehirn und Körper und unsere seelische Widerstandskraft. Mit ihr erhöht sich die Wahrscheinlichkeit, Krisen besser zu bewältigen und gestärkt aus ihnen hervorzugehen.

WAS DU DABEI GEWINNST: Wenn die Beziehung deines »Gehirns im Herzen« und des »Gehirns im Kopf« ausgewogen ist, wird nicht nur dein Blutdruck gleichmäßig reguliert. Auch Folgendes passiert:

- Dein Alterungsprozess schreitet langsamer voran.
- Müdigkeit lässt nach.
- Dein Schlaf verbessert sich.
- Du kannst Stress leichter bewältigen.
- Deine Lebensfreude nimmt zu.
- Deine Konzentrationsfähigkeit steigt.
- Deine Kreativität und Lösungskompetenz wachsen.
- In dir breitet sich ein Gefühl von Wohlbehagen aus.

Wenn du lernst, Kopf und Herz wieder mehr in Einklang zu bringen, die so oft im Widerstreit sind, kannst du erleben, wie dir die heilende Kraft deines Herzens ein gesünderes und glücklicheres Leben schenkt. Mit zunehmender Harmonie wird das Herz zur Quelle und offenbart sich als ein aktiver Antrieb, der dein Handeln mit einem unversiegbaren Repertoire an Energie versorgt. Deine Wahrnehmung und Lebenshaltung verändern sich, in deinen Alltag kehrt mehr innere Ruhe und Gelassenheit ein.

Jeder kann sich mit seinem Herzen verbinden
Jede Sekunde spricht das Herz zu uns und übermittelt Botschaften. Durch Körperreaktionen, Stimmungswechsel oder spontane Eingebungen sendet es eindeutige Signale und möchte richtungsweisend den Takt angeben. Was für ein Meisterwerk wäre unser Leben, könnten wir unserem Herzen gänzlich treu sein, uns von ihm lenken und leiten lassen wie von einem Dirigenten. Regiert das Herz, kann es uns Vertrauen und Orientierung geben, es kann uns Frieden, Freude und Erfüllung schenken.

Mithilfe unseres Herzens sind wir in der Lage, Informationen zu erfassen, die unser Verstand nicht nachvollziehen kann. Wenn Kinder auf sich deuten und »Ich« sagen, zeigen sie auf ihr Herz. In den klassischen Upanishaden, einem Teil der indischen Veden, wird es als »Sitz der Seele« bezeichnet. Das erklärt, weshalb wir uns seelisch von etwas tief berührt fühlen können, ohne zu wissen, warum. Umso wichtiger ist es, dass wir mit unserem Herzen in einem beständigen, aufmerksamen Austausch stehen und hinhören, ob es uns etwas sagen möchte. Der Schlüssel unserer herausfordernden Zeit liegt im Herzen. Liebe und Mitgefühl sind unbesiegbare Kräfte unseres Seins, die selbst in der lautesten Umgebung ungehindert fließen können.

> **MERKSATZ:** Die Ergebnisse neuerer Forschungen zeigen, dass die energetische Schwingung reiner Liebe die stärkste Heilkraft ist und unser Immunsystem aufrechterhält.

In krisenhaften Zeiten der Verunsicherung, der Sorgen, Ängste und mentalen Erschöpfung ist es ganz entscheidend, die eigenen Emotionen bewusst wahrzunehmen und aktiv mit ihnen umzugehen, anstatt von ihnen gesteuert oder überschwemmt zu werden.

> **IMPULS FÜR DICH**
>
> Wenn du zum Beispiel eifersüchtig bist und in deinem Kopf quälende Szenen entstehen, verstärkt sich zwangsläufig dein Leiden. Wenn du dich ständig fragst »Wo ist er jetzt?« oder »Was macht sie gerade, mit wem ist sie zusammen?«, wirst du zum Sklaven deiner Gedanken und rufst Gefühle hervor, die dir Schmerzen bereiten.

Dabei kannst du deinen »Inneren Beobachter« einschalten und selbst entscheiden, woran du denkst und was das wiederum in dir auslöst. Es ist einzig eine Frage deiner Achtsamkeit, innezuhalten und einen Perspektivenwechsel einzuleiten, indem du dich ganz bewusst auf die schönen, nährenden Momente der Liebe und Zuwendung besinnst, die du mit dem begehrten Partner erleben kannst.

Ein guter Weg, um unerwünschte Zustände zu verlassen und dich mit der Gegenwart zu verbinden, besteht darin, bewusst zu atmen. Dein Atem ist sinnlich wahrnehmbar, er strömt kühl in die Nase ein und warm wieder aus. Er verbindet dich mit deinem Körper und deinem Dasein im jetzigen Augenblick. Atme sanft und tief in den Bauch, es hilft dir dabei, dich zu entspannen und bei dir zu sein.

Seelischer Stress hingegen führt zu einem Ungleichgewicht im vegetativen Nervensystem und das wiederum regelt sämtliche lebensnotwendigen Funktionen. Ein wirksamer Weg, dein Leben und die Wahrnehmung deiner Umwelt zu verändern, ist dein Selbstmitgefühl. Wenn du lernst, dich immer mehr anzunehmen und in Momenten des Selbstzweifels oder der Selbstverurteilung behutsam mit dir umzugehen, generierst du Frieden im Innen und Außen.

> **MERKSATZ:** Unser Herz kennt immer die Wahrheit.

Jeder Mensch kann lernen, sich mit der Intelligenz seines Herzens zu verbinden und mit dessen Unterstützung Entscheidungen zu treffen und zu handeln. In Phasen der Ungewissheit, wenn uns der Verstand mit Zweifeln und Misstrauen quält, ist es hilfreich, einen Zugang zu der unerschütterlichen Weisheit zu haben, die im Grund unseres Herzens wohnt. Dieser Schatz, den wir tief in uns als wahrhaftig erkennen, speist sich aus den Einsichten zahlreicher Erfahrungen, die wir im Lauf unseres Lebens gesammelt haben. Besonders in widrigen Umständen, wenn wir es am meisten brauchen, ist dieses Wissen Gold wert. Es entspringt unserem Herzen und wir tragen es mit tiefer Gewissheit in uns, ohne dass Zweifel es erreichen oder angreifen können.

Übung

Wenn du das Bedürfnis hast, deine Erkenntnisse zu bewahren, bietet es sich an, dein ganz eigenes Buch der Weisheit anzulegen. Beginne damit, kontinuierlich die Impulse, Ideen

> oder Inspirationen aufzuschreiben, die aus deinem tiefsten Inneren kommen. Auch deine Träume können hilfreiche Wegweiser sein, notiere gleich beim Aufwachen deine Erinnerungen an das Traumgeschehen. Nimm dir Zeit für dich und deine Selbstreflexion. Was weißt du? Was hast du auf deinem Weg verinnerlicht und gänzlich verstanden?

Zu Beginn ist es vielleicht nur ein Satz, doch Seite für Seite wird es dein Buch der Wahrhaftigkeit. Vielleicht bereitet es dir Freude, diesen Reichtum mit den Menschen zu teilen, die dafür offen sind. Wann immer du von Rückschlägen oder Ängsten heimgesucht wirst, kannst du es aufschlagen und darin lesen, bis der Tag kommt, an dem du feststellst, dass du den Inhalt deines Buches selbst verkörperst und die Weisheit lebst, die darin zum Ausdruck kommt.

Die hohe Kunst des Fühlens

Die Fähigkeit des Fühlens wird uns in die Wiege gelegt, sie begleitet uns ein Leben lang. Bereits als Neugeborene empfinden wir Wärme, Kälte oder Schmerz, wir haben Hunger und Durst, fühlen uns verlassen oder wohlig zufrieden und geborgen. Wir wissen von Anfang an, ob wir etwas mögen oder nicht, ohne darüber nachdenken zu müssen. Wir lieben angenehme Gefühle und verabscheuen die unangenehmen. Offensichtlich ist die Wahrnehmung bei den erwachsenen Menschen hier sehr ähnlich und eine Voraussetzung für unsere gegenseitige Verständigung.

Dabei machen unsere Gefühlsreaktionen keinen Unterschied, ob wir etwas tatsächlich erleben oder ob es unserer Vorstellungswelt entspringt. Allein der Gedanke an einen bevorstehenden Zahnarztbesuch kann unseren Puls beschleunigen oder uns den Schlaf rauben. Wir haben auch nicht gelernt zu unterscheiden, ob der auslösende mentale Inhalt aus unserer eigenen Erfahrung kommt oder durch andere Personen in uns angeregt wurde. Wir wissen jedoch meistens, dass wir unseren Gefühlswahrnehmungen mehr vertrauen können als unseren Gedanken. Wenn auf einem Gegenstand »Heiß, nicht anfassen!« steht, er sich aber nicht so anfühlt, akzeptieren wir unser Gefühl als die zuverlässigere Information.

Unsere Gefühle sind ständig in uns wirksam. Wenn sie fließen und ihre hilfreiche Kraft entfalten, sind wir lebendig. Bleiben wir jedoch in einem intensiven Gefühlserlebnis stecken, wie zum Beispiel einer unerwarteten Angstsituation, erstarren wir innerlich und das Gefühl wird eingefroren. Wir geraten in einen Zustand des Getrenntseins und der Einsamkeit – abgeschnitten von unserem Herzen, unserem Vertrauen, den Mitmenschen und vom großen Ganzen.

Die meisten Menschen neigen dazu, ihre Gefühle und Bedürfnisse aus Gewohnheit zu kontrollieren. Sie wollen keine Traurigkeit zeigen, schlucken Enttäuschungen hinunter und fressen ihre Wut in sich hinein. Wer schlechte Gefühle vermeiden will, verdrängt sie und hofft, dass sie verschwinden, weil sie nicht mehr gespürt werden. Doch unterdrückte Gefühle rauben unsere Lebensenergie, sie stauen sich in uns auf und warten auf eine passende oder auch unpassende Gelegenheit, um sich zu entladen – in aggressiven Gedanken, überschießenden Reaktionen, unangemessenem Verhalten oder im Ausbruch von Krankheiten.

Kennst du den Schachtelteufel aus deiner Kindheit? Sobald sich der Deckel öffnet, springt eine kleine Figur heraus, die auf einer Sprungfeder sitzt. Stell dir vor, dass dieser Springteufel dem Gefühl entspricht, das du nicht erleben willst. Was tust du also? Du nimmst deine Hand und hältst den Deckel der Box zu. Da es nun einmal in der Natur unangenehmer Gefühle liegt, genau dann aufzutauchen, wenn du sie am wenigsten gebrauchen kannst, findest du dich bald in der Situation wieder, dass du sehr viel Energie aufwenden musst, um deinen Springteufel in Schach, mit anderen Worten »in der Schachtel«, zu halten. Lange hältst du das nicht durch, denn irgendwann bist du unaufmerksam oder ein zusätzliches unangenehmes Gefühl taucht auf, und dein Abwehrmechanismus bricht zusammen.

IMPULS FÜR DICH

Die heilende Kraft liegt im Zulassen der Gefühle. Wenn es dir gelingt, deinen Gefühlen Raum zu geben, sie bewusst zu erleben und innerlich zu bejahen, lösen sie sich auf. Alles entsteht und vergeht. Gefühle sind Energien, die deinen Körper durchströmen. Lässt du sie frei durch dich fließen, tauchen sie auf und verschwinden wieder. Ein Gefühl, dem du dich nicht widersetzt und an dem du nicht festhältst, ist möglicherweise unangenehm, doch gänzlich harmlos und es vergeht innerhalb kürzester Zeit.

Die hohe Kunst im Alltag besteht darin, aufkommende Gefühlsregungen mutig da sein zu lassen und ihre Qualität zu spüren, ohne etwas gegen sie zu tun. Um Einflüsse von außen nicht persönlich zu nehmen oder blind auf sie zu reagieren, ist es sehr hilfreich, mit den Fußsohlen den Boden zu spüren, die Hände liebevoll auf den Bauchraum zu legen und den eigenen Atemfluss wahrzunehmen. So bleibst du mit dir selbst in Verbindung, ohne in die Reaktionsfalle zu geraten oder dich von deinen Gefühlen forttragen zu lassen.

Was wir gefühlsmäßig ganz und gar angenommen und verarbeitet haben, verschwindet aus unserem Leben. Wir sind mit jedem Schritt des Übens, sei es in der reflektiven Selbstwahrnehmung, mit einem wohlwollenden Coach oder einem Therapeuten, immer besser dazu in der Lage, all das frei zu fühlen und auf uns wirken zu lassen, was das Leben bereithält, und immer öfter Liebe, Verbundenheit und das ersehnte Gefühl des Einsseins zu erfahren.

Wie du mit dem Herzen deine Wirklichkeit erschaffst

Unser Herz ist das Tor zur Seele, in ihm liegt unsere eigentliche Schöpferkraft. Im Herzensraum angekommen können wir einer Sehnsucht begegnen, die tief in uns wohnt – der Sehnsucht nach bedingungsloser Liebe, nach Annahme und der Gewissheit, wahrgenommen zu werden, nach Verbindung und Einheit.

Ist der Herzensraum offen und entspannt, wird es uns möglich, intensive Lebensfreude zu spüren – die Freude, einfach nur zu sein, ohne Wenn und Aber, ohne etwas erreichen oder darstellen zu müssen. Aus diesem Raum der Stille und des Friedens in uns, der von einem Feld der Liebe und des Einsseins getragen ist, werden wir zu Mitschöpfern unserer Welt.

Alle wichtigen Lebenswünsche zeigen sich in der Weite des Herzens, ohne Zensur durch den Verstand. Die Seele eines jeden Menschen weiß sehr genau, was sie will. Erhört wird sie vom Herzen, das ihr als Empfänger dient, sobald der Kanal offen ist.

> **IMPULS FÜR DICH**
>
> Welchen Traum ersehnt dein schöpferisches Herz? Wenn du in dein Herzenergiefeld eingetaucht bist, kannst du vom Grund der Seele deine tiefsten, ehrlichsten Wünsche aufsteigen lassen und darauf vertrauen, dass sie den Weg in die Realität finden. Achte darauf, dass sie dem Wohl des Ganzen dienen, und du wirst dank deiner liebevollen Hingabe einen mächtigen Resonanzraum erzeugen, der eine starke Magnetwirkung hat.

Ein einfacher und hochwirksamer Weg, um in deinem Alltag Glück, Erfolg, Wohlstand und Gesundheit zu erschaffen, ist das Singen von Affirmationen, Autosuggestionen, Mantras oder Gebeten. Singen ist ein Weg der freudigen Hingabe. Es ist eine genussvolle Erfahrung, das Vibrieren zu spüren, das der Klang deiner Stimme im Körper erzeugt. Wenn du dich ganz hineingibst und dabei dein Herz öffnest, schaltet sich dein Kopf wie von selbst aus. Je länger und hingebungsvoller du singst, desto mehr Präsenz entsteht im Hier und Jetzt.

Der Intensität des Erlebens sind keine Grenzen gesetzt. Du kannst auch tanzen oder trommeln. Alles, was deine fünf Körpersinne anspricht, unterstützt dich dabei, in der Gegenwart aufzugehen, zu erblühen und die erhebende Freude zu fühlen, die aufkommt, wenn der Verstand gänzlich zur Ruhe kommt und du vom Sinnesgenuss des jetzigen Augenblicks erfüllt bist.

MERKSATZ: Mit der Schöpferkraft des Herzens erwacht unser größtes Potenzial und wir ziehen die Umstände, Menschen und Situationen in unser Leben, nach denen wir uns am meisten sehnen.

Die Kraft des Herzens – Übungsteil

Der wichtigste Mensch in deinem Leben bist du. Es ist nie zu spät, dein Leben mit Herzqualität zu bereichern. Dein inneres System freut sich über einen unterstützenden Partner. Doch wie genau geht das eigentlich? In diesem Übungsteil erfährst du, wie du dich in deinem Herzen niederlässt, deine Herzenergie stärkst, wie du durch dein Herz atmen und deinen Mitmenschen aus der Kraft deines Herzens begegnen kannst.

Bist du bereit, dich auf einen weiteren Schritt deiner Selbsterfahrung einzulassen? Herzübungen sind einfach und können täglich eingesetzt werden. Sie bringen Harmonie auf körperlicher und emotionaler Ebene. Wenn sich das Herz öffnet, werden Leichtigkeit, Abenteuerlust, Mut und Liebe in deinem Leben zu etwas ganz Natürlichem. Belastende und krankmachende Gefühle wie Sorgen und Stress treten in den Hintergrund. Im Herzen kehrt Frieden ein und es sendet positive Signale ans Gehirn – ein Geschenk des Himmels für ein gesünderes und glücklicheres Leben.

Mit den hier vorgestellten Übungen kannst du

- Verbindung zu deinen Herzqualitäten aufnehmen.
- deiner inneren Kommunikation mehr Zeit schenken.
- Neues über dich und deinen Herzensraum erfahren.
- stärker aus dem Herzen leben.

Übung 1: Die Kostbarkeit der Dinge

Manchmal werden wir mit Momenten beschenkt, in denen sich unser Herz wie von selbst öffnet – eine hauchzarte Blüte zeigt sich am Wegrand, am Himmel erscheint ein magischer Regenbogen, ein blutroter Sonnenuntergang überwältigt uns oder wir hören das fröhliche Lachen eines Kindes, das uns tief im Innern berührt. Für einen Augenblick verschmelzen wir mit dem Jetzt. Vergangenheit und Zukunft treten in den Hintergrund, sobald sich unser Herz öffnet und mit der Liebe verbindet, die immer in uns ist, die nur darauf wartet, von uns gefühlt zu werden. Im anstrengenden, monotonen, oft farblosen Alltag, der bis zum Rand mit Verpflichtungen gefüllt ist, werden diese kostbaren Augenblicke nur selten wahrgenommen.

Wir können sie jedoch in unser Leben zurückholen, indem wir uns diese Kostbarkeit in alltäglichen, kleinen Ereignissen bewusst machen und die Dankbarkeit fühlen, die sie in uns auslösen: den Kaffeeduft am Morgen, das freundliche Lächeln unseres Nachbarn oder die Genüsse wohlschmeckenden Essens und Trinkens. Durch das bewusste Wahrnehmen des unvergleichlichen Wertes in allem, was uns umgibt, wachsen die Freude, Hingabe und Liebe in unserem Herzen. Wir werden bescheidener, dankbarer und demütiger angesichts der Erfahrungen, die uns im Leben unterstützen und die wir normalerweise kaum zur Kenntnis nehmen.

Wie geht es dir, wenn du den Gegenständen, die du täglich nutzt, vielleicht deiner Lesebrille oder dem Pullover, den du heute trägst, deine ganze Aufmerksamkeit schenkst, sie behutsam berührst und das Material bestaunst, wie etwas überaus Wertvolles? Oder du betrachtest sorgfältig eine Rosenblüte in deiner Hand. Dann schließe die Augen und lasse die Rosenblätter dein Gesicht berühren. Du atmest den Duft der Blüte ein und schweigst mit ihr, bis dieser Augenblick zu einer tiefen sinnlichen Erfahrung für dich wird. Über kurz oder lang öffnet sich durch deine achtsame Wahrnehmung auch dein Herz, es wird von Dankbarkeit und Wertschätzung durchströmt, deine Tage werden reicher.

Übung 2: Rückkehr ins Herz

Normalerweise erleben wir das Zentrum unserer Wahrnehmung im Kopfbereich. Stelle dir einmal vor, du gleitest auf deinem inneren Lichtstrahl durch die Halsgegend abwärts und verschiebst deinen Wahrnehmungsschwerpunkt auf die Höhe deines Brustkorbes. Dort angekommen lässt du das warme Licht deiner Aufmerksamkeit aus deinem Herzbereich strahlen.

Dein Herz liegt physisch betrachtet in einem besonders großräumigen Bereich, ihm gehört die ganze Weite des Brustraumes. Und es ist eingebettet zwischen den beiden Lungenflügeln, von denen es mit jedem Atemzug sanft massiert wird. Dort befindest du dich jetzt und blickst nach draußen.

Nun nimmst du die Welt aus der Herzperspektive wahr, kannst deine Umgebung auf dich wirken lassen und mit ihr kommunizieren. Spürst du den Unterschied zwischen Kopf und Herz? Wie fühlt es sich an, nicht im Verstand zu sein? Kannst du dein Herz schlagen hören? Wie siehst du das Umfeld mit deinen Herzaugen? Und was antwortet die Stimme deines Herzens?

Jedes Mal, wenn du innere Anspannung spürst, wenn du ängstlich, verärgert oder von deinen Gefühlen abgeschnitten bist, trittst du ganz bewusst die Reise zu deinem Herzensraum an, hältst dort eine Zeitlang inne und realisierst, wie du den Zustand der Einheit zurückgewinnst. Du wirst staunen, wie auf sanfte Weise alles in dir weich und weit wird. Es gibt keine stärkere Energie als die Liebe und dein bewusst erlebtes Selbstmitgefühl.

Sobald du mit deiner Herzenergie verbunden bist, tritt eine reinigende, heilende Wirkung in Kraft, durch die etwas Abstand entsteht und die es dir ermöglicht, dich von unangenehm erlebten Gefühlen zu lösen. Wenn du regelmäßig übst, wird es dir schwerfallen, aus dieser neuen Position deines Seins heraus engstirnig, nachtragend, egoistisch oder verurteilend zu sein. Und wenn es dennoch geschieht, dann nimmst du einen tiefen Atemzug und gönnst dir ein wenig Zeit, um nachsichtig, wohlwollend und verständnisvoll mit dir selbst zu sein.

Übung 3: Herzatmung

Wie bereits beschrieben nimmst du bei jedem Atemzug mit dem Sauerstoff »Prana« auf. Nach indischer Auffassung gilt Prana als kosmische Kraft, die allen Wesen Vitalität schenkt. Das heißt, du wirst durch jeden Atemzug mit feinstofflicher Energie versorgt, die dich am Leben erhält, da sie im Universum in unbegrenzter Menge vorhanden ist. Wenn du nun entscheidest, dein Herz stärker in den Fokus zu nehmen und es gut zu versorgen, kannst du dich ganz bewusst diesem Strom von Lebenskraft anschließen und gezielt Prana einatmen, von dem du ständig umgeben bist.

Am besten legst du dazu deine warmen Handflächen auf den Brustkorb und stellst dir vor, dass mit dem Einatmen Lebensenergie durch deinen Scheitelraum einströmt und sich mit dem Ausatmen in deinem Herzensraum ausbreitet. Beim nächsten Atemzug kannst du mehr davon aufnehmen, und dann noch mehr. So weitest du nicht nur Stück für Stück dein Herzenergiefeld, sondern bist auch regelmäßig mit ihm in Kontakt.

Du kannst dir Prana ebenso als Licht vorstellen. Ein weißgoldener Strahl dringt von oben in deinen Kopfbereich, etwa ein-

> einhalb Zentimeter im Durchmesser, und strömt mit deinem gelenkten Atem bis ins Herz. Dort sind die Farben rosa (Liebe) und grün (Heilung) dominant, durch deren Schwingung wird es besonders gut genährt. Siehst du mit deinen inneren Augen, wie die einströmende Energie in deinem Herzen grün und rosa erstrahlt und sich wie ein Farbenmeer darin verteilt? So entsteht ein lichtdurchfluteter, geweiteter Raum, in dem die Liebe und ihre heilsame Kraft mehr und mehr fließen können.

Drei Fragen zur Selbstreflexion:

- Was hindert mich, meine Lebensfreude zu bejahen und auszudrücken?
- Was liegt mir am Herzen, das ich anderen gern mitteilen möchte?
- Wem oder was möchte ich heute meine ungeteilte Liebe schenken?

AFFIRMATION: Ich bin erfüllt vom Fluss meiner Liebe und trage sie in die Welt.

2.4 Die Kraft der Imagination

Wir leben in Bildern. Die visuelle Wahrnehmung unserer realen Welt baut sich in Form von Bildeindrücken auf, die wir mithilfe des menschlichen Auges sehen können. Dank unserer Vorstellungskraft sind wir in der Lage, auch mit geschlossenen Augen Bilder wahrzunehmen, die mit allen fünf

Sinnen und unserer Gefühlswelt verbunden sind. Wir können einen Klang, einen Geschmack, eine Emotion oder eine körperliche Empfindung in uns erzeugen.

Wenn du einmal die Augen schließt und dir vorstellst, du siehst einen knallroten VW-Käfer oder du schälst eine saure Frucht und beißt herzhaft hinein, so ist dir das jederzeit möglich. Vermutlich verziehst du sogar das Gesicht und dein Speichelfluss wird angeregt. Oder stelle dir vor, du stehst am Ufer des Atlantischen Ozeans und hörst das Meer rauschen. Dein Blick wandert bis zum Horizont, während du dich ins Wasser gleiten lässt. Du tauchst den ganzen Körper ein und beginnst mit kräftigen Zügen zu schwimmen. Wie fühlt es sich an, im kühlen Wasser zu sein?

Die Fähigkeit des Geistes, vor dem inneren Auge Personen, Gegenstände, Stimmungen oder Ereignisse entstehen zu lassen, die zu dem Zeitpunkt im Außen gar nicht existieren, wird als Imagination bezeichnet.

Lassen wir unsere schöpferische Fantasie walten, so können wir im Geist nie dagewesene oder sogar realitätsfremde Bilder hervorrufen, sie tatsächlich wahrnehmen oder mit vergangenen Bildeindrücken kombinieren. Ähnlich wie im nächtlichen Traumgeschehen, sind wir dabei in der Lage, Raum und Zeit zu durchbrechen.

Bildhaftes Denken spielt in unserem Leben eine grundlegende Rolle. Wir alle nutzen unser Vorstellungsvermögen – mehr oder weniger bewusst – in den meisten unserer täglichen Angelegenheiten, zum Beispiel wenn wir ein Meeting, ein Event oder eine Reise planen. Ob wir jemandem ein Ereignis schildern oder ihm beschreiben wollen, wie er den Weg zu einem Veranstaltungsort findet, ob wir ein Seminarkonzept entwickeln, einen Anzug nähen oder die Fassade für ein Haus entwerfen – immer ist die schöpferische Kraft unserer bildlichen Vorstellungen im Spiel.

> **MERKSATZ:** Lebendige Imagination, in der wir denken und fühlen, erlaubt es uns, eine ideale Welt aufzubauen, in der unsere Wünsche bereits verwirklicht sind.

Bilder, die wir vor unserem inneren Auge sehen, stellen eine Art Grundsprache der menschlichen Psyche dar. Es liegt nahe, sie bewusst einzusetzen und zur positiven Entwicklung unserer Persönlichkeit zu nutzen. Spitzensportler konzentrieren sich auf geistige Vorstellungsbilder, um Bewegungsabläufe zu optimieren und höchstmögliche Leistungen zu erzielen. Auch im Beruf lassen sich mit Hilfe der Imagination überdurchschnittliche Ergebnisse verwirklichen. Innere Bilder unterstützen uns dabei, mehr Stärke zu gewinnen, unser volles Potenzial zu entfalten und Ziele leichter zu erreichen.

Der Schweizer Psychiater C. G. Jung untersuchte die Funktion, die bewusst erlebte innere Bilder als Mittler zwischen Bewusstsein und Unbewusstem haben. Er erkannte ihre Bedeutung zur Behandlung von psychischen Störungen und betrachtete die Imagination als sinnstiftende Kraft, die sowohl seelisches Wachstum fördert als auch zu Selbsterkenntnis und Selbstverwirklichung führt. Jung fand durch vergleichende Forschung heraus, dass innere Bilder kultur- und epochenübergreifend auftreten und sich verblüffend ähnlich sind. Viele Kulturen nutzen ihre Wirkkraft im religiösen Kontext, wie etwa bei der meditativen Betrachtung von Mandalas im Buddhismus.[2]

Seit Mitte des 20. Jahrhunderts wurden imaginative Techniken und deren Wirkung in der Psychotherapie systematisch erforscht. Bis heute finden sie zu Heilzwecken vielfach Anwendung, wie zum Beispiel in der medizinischen Hypnose, in der Logotherapie, der kognitiven Verhaltenstherapie oder Tiefenpsychologie.

In diesem Kapitel jedoch wollen wir uns mit der Bedeutung innerer Bilder im Kontext der persönlichen Bewusstseinsarbeit und des Mentaltrainings beschäftigen.

> **IMPULS FÜR DICH**
>
> Alles, was du um dich herum siehst, wurde zunächst in der Vorstellung eines Menschen geboren, bevor es sich in der materiellen Welt zu greifbarer Wirklichkeit formieren konnte. Der Stuhl, auf dem du sitzt, der Teller, von dem du isst, existierte zunächst als Idee im Geist des Erfinders, bevor er über mehrere Zwischenstufen zu dem konkreten Gegenstand wurde, den du heute benutzt. Auf diesem grundlegenden Phänomen, dass die materielle Realität, die uns umgibt, aus geistigen Prozessen hervorgegangen ist, beruht folgende Erkenntnis:

MERKSATZ: Was wir uns vorstellen können, kann prinzipiell auch Wirklichkeit werden!

Topspeaker, die vor ihrem Bühnenauftritt Mentaltraining anwenden, nehmen in ihrer Vorstellung den gewünschten Erfolg vorweg. Voller Stolz genießen sie den Applaus des Publikums und malen sich mit allen Sinnen aus, wie ihnen vom Eventveranstalter ein großer Blumenstrauß überreicht wird und die Gäste ihre Glückwünsche aussprechen. Sportler stellen sich vor, wie Fans ihnen zujubeln und ihren Sieg in begeisterten Sprechchören feiern. Sie erwarten das beste Ergebnis und treiben damit ihre Motivation auf die Spitze, was die Erfolgswahrscheinlichkeit enorm erhöht.

Dein Vorstellungsvermögen gepaart mit deiner Fantasie stellt eine allgegenwärtige Kraftquelle dar, um in deinem Leben neue Potenziale zu entdecken und deine Herzenswünsche zu erfüllen. Du siehst also, die Kraft der Imagination bietet eine Vielfalt an Möglichkeiten. Sie erlaubt es dir, im Geist eine ganze Welt zu erleben, vergleichbar mit einem inneren 3D-Kino.

Lebe schöpferisch aus deinen inneren Bildern

Was möchtest du erschaffen? Baue ein positives Bild auf, an das du glaubst und das dich mit Freude, Optimismus und Zuversicht erfüllt! Hast du ein Ziel? Stelle dir doch einfach vor, bereits dort angekommen zu sein, wirklich und mit allen Sinnen. Was nimmst du wahr, was erlebst du, wie fühlst du dich, wenn du dein Ziel erreicht hast?

Erlaube dir, möglichst oft und mit wachem Geist deine Zielsetzungen zu imaginieren, damit bereitest du den Boden für das, was du später bekommen wirst.

WAS DU DABEI GEWINNST: Aktive Imagination ist eine wirksame Kraft, die dein ganzes Leben verändern kann. Mit ihrer Hilfe kannst du

- in deinem Inneren aktiv Bilder entstehen lassen, sie gestalten und deinen Vorstellungen gemäß verändern.
- deine Gefühle, Überzeugungen und innere Grundhaltung betrachten und ihnen eine neue Ausrichtung geben.
- Situationen aus einem anderen Blickwinkel beleuchten und sowohl deine Vergangenheit als auch zukünftige Geschehnisse geistig erkunden.
- deine Selbstheilungskräfte stärken und Krisen bewältigen

Das Erleben innerer Bilder ist ein großartiges Werkzeug, um deinen Alltag und die Welt, die dich umgibt, nach deinem Wunsch zu beeinflussen. Mit regelmäßigem kreativem Imaginieren wirst du zum Schöpfer der Umstände und Ereignisse deiner Wirklichkeit. Die Energie folgt der Aufmerksamkeit. Nach dem Gesetz der Anziehung formieren sich genau die Situationen und Inhalte in deinem Leben, die du dir immer wieder vorstellst. Zuerst nehmen sie in deiner Fantasie Gestalt an und dann ganz konkret in der Realität.

Wie du deine Vorstellungskraft richtig einsetzt

Die Kehrseite der Medaille besteht darin, dass innere Bilder – ebenso wie unsere Gedankenwelt oder der Atemfluss – eine unbewusste Eigendynamik haben. Vorstellungen entstehen und vergehen, je nachdem womit wir uns gedanklich beschäftigen und was wir dabei empfinden. Unser Geist liebt es zu interpretieren, zu bewerten und zu verurteilen, eigenmächtig zu ergänzen oder zu kombinieren, dies alles geschieht blitzschnell und unbewusst.

In unserer Gesellschaft neigen viele Menschen dazu, negativ zu denken. Sie haben Angst vor der Zukunft, erwarten förmlich Misserfolge und rechnen mit dem Schlimmsten. Wenn sie versagen, fühlen sie sich als Opfer der Umstände oder sie glauben, das Schicksal sei gegen sie. Sie erkennen nicht, dass sie es sind, die diese Schöpfung – ganz gleich wie sie aussieht – miterschaffen haben.

Wiederkehrende Notstandszenarien, die in aller Regel mit negativen Gefühlen wie Sorgen, Zweifel oder Entmutigung einhergehen, verursachen in der realen Welt früher oder später Mangelzustände und bilden einen Teufelskreis.

Aber warum ist das so? Das Gehirn will uns in erster Linie am Leben erhalten – dafür ist es da. Es vermutet überall Gefahren und Unheil, um uns in Habachtstellung zu bringen. Wenn das Telefon klingelt, befürchten wir oftmals eine Hiobsbotschaft. Wenn sich eine kleine Wolke am Himmel zeigt, sagen wir den Ausflug lieber ab, es könnte ja ein Unwetter aufziehen. Sobald wir morgens Kopfschmerzen haben, erwarten wir Fehlschläge und malen uns einen misslungenen Tag aus. Wenn wir uns vor Augen führen, dass es sich dabei um ganz normale menschliche Reaktionen handelt, können wir diese Phänomene einfach nur beobachten, ohne uns dafür zu verurteilen.

> **MERKSATZ:** Hüte dich vor deinen Wünschen, denn sie könnten in Erfüllung gehen!

Kennst du diesen Satz? Gerade weil deine Imaginationskraft so mächtig ist, solltest du auf deine Gedankenhygiene und dein tägliches Wohlbefinden achten. Die Bildinhalte, auf die du dich bewusst konzentrierst, um deine Zukunft mitzugestalten, müssen sorgfältig und präzise gewählt werden. Anderenfalls läufst du Gefahr, Umstände, Ereignisse und Menschen anzuziehen, die du nicht wirklich in deinem Leben haben willst. Wenn du jedoch lernst, deine Vorstellungskraft richtig einzusetzen, entstehen weitreichende und umfassende Möglichkeiten für deinen Weg zu mehr Zufriedenheit, Glück und Erfolg.

Deine Selbsterlaubnis, groß zu träumen

Was ist dein sehnlichster Wunsch? Was ist dein Lebensziel? Hast du eine Vision? Gestattest du dir die Vorstellung, deine Herzensträume könnten tatsächlich in Erfüllung gehen und ein Teil deiner Wirklichkeit werden?

Vielleicht sagst du jetzt: »Ich bin viel zu bescheiden, um so groß zu träumen«. Womöglich erlaubst du dir gar nicht, Ansprüche ans Leben zu stellen, und hast deshalb noch nicht entdeckt, was du dir tief in deinem Inneren wünschst. In diesem Zusammenhang erinnere ich mich an die Worte meiner Mutter, wenn ich mir als Kind etwas gewünscht habe: »Mach doch die Augen zu, dann siehst du, was du kriegst, nämlich *nix*!«

In vielen Familien ist es ein Tabu, großzügig und visionär zu denken. Anspruchsvolle Wünsche ans eigene Leben werden als egoistische Hirngespinste abgetan. Diese grundlegende Tendenz kommt in der deutschen Sprache in vielen Redewendungen zum Ausdruck: »Nimm dich nicht so wichtig«, »Hochmut kommt vor dem Fall«, »Schuster bleib bei deinen Leisten«, »Back du mal lieber kleine Brötchen«, »Im Leben wird keinem was geschenkt«, »Das hast du doch gar nicht verdient«, »Das schaffst du sowieso nicht«, usw.

IMPULS FÜR DICH

Um einen tiefen Herzenswunsch, eine starke Vision oder einen großen Lebenstraum überhaupt zulassen zu können, bedarf es deiner Selbsterlaubnis. Kannst du deine Bedürfnisse spüren? Was braucht deine Seele, damit sie sich entfalten und ihre Flügel ausbreiten kann? Gönnst du dir möglichst oft einen liebevollen Raum der Ruhe, in dem sich deine Wünsche entfalten dürfen? Frage dich selbst: »Darf es mir wirklich gut gehen? Was bin ich mir wert? Was will ich eigentlich vom Leben? Gibt es auch im Alter eine sinnvolle Aufgabe für mich, auf die ich mich freuen kann?« Wenn du Antworten auf diese Fragen findest, hast du bereits einen großen Schritt getan, um ab sofort gut für dich zu sorgen.

Im Reich des Geistes gibt es keine Begrenzung. Dein Geist und deine Fantasie sind unerschöpflich. Die Selbstbegrenzung beginnt immer im eigenen Kopf. Was also erlaubst du dir zu denken? Je größer dein Traum wird, je größer die Vision und die damit verbundene Zielsetzung, desto mehr solltest du bereit sein, deine Komfortzone zu verlassen und dich weiterzuentwickeln, um auch dorthin zu gelangen. Das ist einerseits sehr verlockend und andererseits eine große Herausforderung. Wir alle neigen dazu, in unserer Komfortzone zu verharren, denn dort ist es gemütlich und warm. Nach einem bedeutenden Ziel solltest du dich strecken können. Um es zu erreichen, muss deine Persönlichkeit bereit sein, ein Stück zu wachsen. Und mit der Wiederholung deiner inneren Bilder formieren sich Schritt für Schritt auch die Umstände deines Lebens im Sinne deiner Wunschvorstellungen.

> **MERKSATZ:** Wenn wir lediglich von der Zukunft träumen, ohne wirklich ins Handeln zu kommen, bringt uns das nicht weiter.

Das bloße Träumen ersetzt nicht die Notwendigkeit, tatkräftig an der Realisierung deiner Wünsche zu arbeiten. Ich spreche auch nicht von Tagträumerei als Flucht vor der Realität. Deine Träume sollen dir nicht als »Lebenskrücke« dienen, weil du die Gegenwart nicht ertragen kannst oder nicht in der Lage bist, die Blume zu sehen, die so schön am Wegrand blüht. Dich im Träumen zu verlieren, ohne die alltägliche Wirklichkeit mit all ihren Herausforderungen zu meistern, führt zu keinem Ergebnis.

Vielmehr geht es darum, deine Vorstellungskraft gezielt einzusetzen und bewusst schöpferisch tätig zu sein. Im Einklang mit diesem frei gewählten Akt, auf dein Leben gestaltenden Einfluss zu nehmen, kannst du durchaus zufrieden im Hier und Jetzt sein und dich an den kleinen Dingen des Lebens erfreuen. Das schöpferische Wirken schenkt dir Kraft und Zuversicht, es nährt dich von innen und unterstützt dich dabei, deinen mentalen Fokus immer wieder auf deine Ziele auszurichten, in Vorfreude auf deren Verwirklichung.

Was Visualisierung und Imagination unterscheidet
Der deutsche Philosoph Immanuel Kant kam zu dem Schluss, dass die menschliche »Einbildungskraft« entweder reproduktiv oder produktiv sei. Im ersten Fall bildet unser Vorstellungsvermögen eins zu eins die Wirklichkeit ab. Durch Visualisierung werden bekannte Bilder ins Gedächtnis zurückgerufen. Im zweiten Fall, der aktiven Imagination, kommt die Fantasie mit ins Spiel und erzeugt veränderte oder ganz neue, im realen Leben nie da gewesene, eigene Bildinhalte.[3]

Gehirnscans zeigen, dass reine Visualisierung, die sich auf Seheindrücke beschränkt, weniger Gehirnareale aktiviert als die fortgeschrittene Fähigkeit der Imagination, die die innere Körperwahrnehmung mit allen fünf Sinnen und die Gefühlswelt in den Vorgang miteinbezieht. Diese Vorstellungsbilder sind deutlich lebendiger und besitzen eine immer größere Manifestationskraft, je mehr sie mit intensiven Gefühlserlebnissen verbunden werden – vor allem im Zustand der Entspannung.

Wenn wir uns bewusst auf kontrollierte Bilder konzentrieren, weil wir einen konkreten Wunsch oder eine klare Vision manifestieren wollen, setzen wir gezielt unsere Geisteskraft ein. Je stärker wir uns auf den Vorgang der Visualisierung fokussieren, desto deutlicher und strahlender treten uns die Bildinhalte vor Augen, lebendig und in leuchtenden

Farben. Je stärker wir die Energie unserer Aufmerksamkeit bündeln und unseren geistigen Fokus in die beabsichtigte Richtung lenken, desto mehr lädt sich das Vorstellungsbild auf und gewinnt an Wirkkraft. Und je intensiver das Bild wird, desto stärker hat es die Tendenz, zur Form zu werden, das heißt, sich zu materialisieren.

Wie mit einer inneren Kamera können wir Bildausschnitte scharf stellen, sie vergrößern oder verkleinern, und einzelne Bildelemente ins Zentrum rücken – eine faszinierende Entdeckung!

Die Kraft der Imagination – Übungsteil

Spätestens jetzt ist es an der Zeit, einen großen Schritt zu tun und dein inneres 3D-Kino zu betreten. Negative wie positive Bilder wirken auf dein Gehirn, hierzu gibt es zahlreiche klinische Untersuchungen und empirische Belege. Wissenschaftliche Ergebnisse der Neurobiologen zeigen, dass im Gehirn dieselben Neuronenverbände mit nahezu derselben Intensität aktiviert werden – ganz unabhängig davon, ob du eine Situation tatsächlich erlebst oder sie lediglich visualisierst. Gelingt es dir zum Beispiel, dir intensiv das Bild eines geliebten Menschen vorzustellen, kannst du in genau diesem Moment spüren, wie du von einem Gefühl der Liebe durchströmt wirst, im Herzen und meist auch im Körper.

Imagination ist eine unerschöpfliche Fähigkeit, sie ist zeitsparend und hochwirksam. Je nach Übung genügen etwa fünf bis zwanzig Minuten, um alle fünf Sinne zu aktivieren, deine Bilder emotional aufzuladen und mit Fantasie zu verbinden. In deiner Vorstellungswelt ist alles möglich. Du entscheidest, wie du deine Bildinhalte gestaltest, und kannst die Dinge so erschaffen, wie sie deinen Bedürfnissen entsprechen, wie du es dir wünschst, erhoffst und ersehnst. Dabei sind den Spielarten keine Grenzen gesetzt.

IMPULS FÜR DICH

Stelle dir einfach vor, du stehst vor einem großen Spiegel, machst einen Schritt nach vorn, trittst in dein Spiegelbild hinein und drehst dich einmal um deine eigene Achse. Steigere deine Wahrnehmung, begib dich tief in deinen inneren Film und konzentriere dich. Was siehst du? Was hörst du? Was kannst du riechen, tasten oder schmecken? Dank deines Vorstellungsvermögens und dank deiner Geisteskraft kannst du jetzt sinnlich erfahren, bereits dort angelangt zu sein, wo du in Zukunft gern wärst. Du hast in deinem Inneren eine eigene, zweite Realität erschaffen und sie mit leuchtenden Farben ausgeschmückt. Je intensiver du erlebst, was du jetzt von ganzem Herzen fühlst, und je mehr du dabei deine fünf Sinne schärfst, desto wirksamer wird deine Schöpferkraft. Du bist dann ein Mitgestalter deiner erwünschten Zukunft.

Finde eine, zwei oder drei Übungen heraus, die gut für dich funktionieren. Wenn dir eine Anleitung nicht entspricht, kannst du die Inhalte verändern und deinen aktuellen Bedürfnissen oder Zielsetzungen anpassen. Schaffe eine gute Übungsbasis, indem du einen ungestörten Ort aufsuchst, der gewährleistet, dass du in Ruhe und konzentriert imaginieren kannst, anfangs im Sitzen und, wenn du über längere Zeit deine Konzentration halten kannst, auch im Liegen. Bei starker Anspannung kann es hilfreich sein, dich einige Minuten mit der Kraft deines Atems zu verbinden, oder du beginnst mit der ersten hier vorgestellten Visualisierungsübung, die ebenso deiner Entspannung dient.

WAS DU DABEI GEWINNST: Innere Bilder, die du vor deinem geistigen Auge herstellst, haben Einfluss auf deinen Stresslevel, deine Emotionen und die Wirklichkeit, die dich täglich umgibt. Mit ihrer Hilfe kannst du aus Erinnerungen an die Vergangenheit oder Sorgen über die Zukunft aussteigen und deine Vorstellungskraft gezielt auf Bildinhalte richten, die dich unterstützen und ermutigen. Mit deinem inneren Entwicklungsprozess verändern sich auch die äußeren Umstände deines Alltags. Du gewinnst mehr Lebenskraft, Zuversicht und Selbstvertrauen.

Mit den hier vorgestellten Übungen kannst du

- dich entspannen und regenerieren.
- dich harmonisieren und stabilisieren.
- deine innere Kraft entfalten.
- dich selbst ermächtigen.
- dich auf Erfolg programmieren.
- deine Zukunft manifestieren.

HINWEIS: Falls du dazu neigst, schnell einzunicken, oder feststellst, dass negative Bilder auftauchen, solltest du ausschließlich im Sitzen üben und mit geöffneten Augen einen Punkt im Raum fixieren. Stelle deine Füße fest auf den Boden, damit du gut geerdet bist, und stampfe zwischendurch ganz bewusst mit beiden Füßen auf. Du musst dich beim Üben nicht andauernd und vollständig entspannen. Wenn es dir hilft, dich zu konzentrieren, kannst du einen Teil des Körpers angespannt lassen, indem du zum Beispiel abwechselnd eine Hand zur Faust machst. Oder du sprichst laut und klar aus, was du in deiner Vorstellungswelt siehst, so bleibst du wach und präsent. Um nicht aus Versehen zu verschlafen, stelle dir am besten einen Wecker.

Übung 1: Ein Ruhebild erzeugen

Bei dieser Übung geht es darum, in deiner Vorstellungswelt ein positives, beruhigendes Bild zu erschaffen, in dem du dich ausbreiten kannst, um deine innere Anspannung abzubauen und dich zu erholen. Situationen und Erlebnisse, die du zurückblickend als besonders harmonisch und wohltuend empfunden hast, können auch im Nachhinein angenehme Gefühle in dir wecken. Stelle dir einen schönen Moment deines Lebens vor, in dem du entspannt und offen warst. Vielleicht eine Strandszene, ein Urlaubsbild in den Bergen, auf einer Insel oder an einem anderen Ort in der Natur. Während du ruhig und tief atmest, erinnerst du dich an diesen angenehmen Moment, in dem du dich verbunden, leicht und sorglos gefühlt hast. Wie ist dein inneres Erleben, wenn du daran zurückdenkst? Was geschieht in deinem Körper, welche Sinneseindrücke und Gefühle nimmst du wahr? Blickst du in die Weite eines nächtlichen Sternenhimmels? Hörst du das Rauschen eines Wasserfalls, das Plätschern eines Baches oder den Wind, wie er durch hohe Baumwipfel streicht? Fühlst du die Sonnenstrahlen, die deine Haut erwärmen, oder das Wasser, wenn deine nackten Füße in einen kühlen Bach tauchen? Riechst du den Duft von Blüten, frischen Kräutern oder reifem Obst? Tauche ganz in dein Ruhebild ein, atme tief durch und dehne dich darin aus. Genieße die Stille und Kraft der Natur und lasse dich vom Wohlgefühl tragen, das du damals hattest. Du wirst sehen, anschließend hast du wieder neue Energie.

Übung 2: Den inneren Kraftplatz finden

Stelle dir eine Landschaft vor, in der du dich gern eine Zeitlang aufhältst. Erkunde die Gegend und halte Ausschau nach deinem persönlichen Kraftplatz, vielleicht auf einem Hügel mit weiter Sicht, an einer Quelle oder unter einem Baum. Dort lässt du dich nieder und verbindest dich über deine Atmung mit Himmel und Erde. Atme das Licht der Sonne ein und fühle, wie es sich in dir ausbreitet, bevor du es mit dem Ausatmen an die Erde abgibst. Spüre, wie die Energie des Ortes, den du für dich gewählt hast, allmählich auf dich übergeht. Hier kannst du das Erreichen deiner Ziele visualisieren. Wofür stehst du jeden Tag auf? Wofür brennst du? Was willst du in deinem Leben verwirklichen? Gestalte deine Vision als Erfolgserlebnis, das dir den Rücken stärkt, als Meilenstein deiner Entwicklung, auf den du später mit Stolz zurückblicken kannst.

Oder du entwickelst mehr innere Stärke und Selbstbewusstsein, indem du dich an deinem Ort der Kraft mit positiven Bildinhalten auflädst: vor Prüfungssituationen, wichtigen Gesprächen und Geschäftsterminen. Erlaube es dir vorzustellen, wie du in der herausfordernden Situation glänzt, wie du selbstsicher sprichst, dein Wissen abrufst und es strukturiert vorträgst. Die anerkennenden Blicke deines Gegenübers zeigen dir, dass du überzeugend bist und dein Können unter Beweis stellst. Wie geht es dir, wenn du dich auf Erfolg programmierst? Was erlebst du dabei? Bist du zufrieden mit deiner Leistung? Fühlst du dich motiviert und ermutigt? Nach einer Weile stehst du auf und begibst dich auf den Rückweg in dem Wissen, dass dein Kraftplatz immer da ist. Du kannst ihn jederzeit aufsuchen und dich mit ihm verbinden.

Übung 3: Den inneren Thron besteigen

Wer sitzt auf dem Thron deiner inneren Welt? Wartet er noch auf seinen König oder seine Königin? Wenn du eine neue Verantwortung oder Führungsaufgabe übernehmen musst, der du dich noch nicht vollständig gewachsen fühlst, kannst du mit dieser Übung deine Selbstermächtigung stärken. Auf einem Podest vor dir steht dein Königsthron. Wie sieht er aus? Ist er eher schlicht oder prunkvoll, wuchtig oder elegant verziert? Aus welchem Material ist er gebaut, aus welchen Farben bestehen seine Polster und Kissen? Stelle dir vor, wie du mit geradem Rücken das Podest besteigst und dich auf deinem Thron niederlässt. Wie fühlt es sich an, dort oben zu sitzen? Auf einem Kissen wird dir eine strahlende Krone gereicht. Besteht sie aus Gold oder Silber, ist sie mit Edelsteinen verziert? Mit feierlicher Geste setzt du dir die Krone auf's Haupt. Wie erlebst du dich in dieser erhabenen Position? Gestattest du dir, stolz auf dich zu sein, und nimmst du wahr, wie dich ein Gefühl von Würde und natürlicher Autorität durchströmt? Spüre deine innere Stärke, du bist jetzt selbstsicher und souverän – genieße es!

Drei Fragen zur Selbstreflexion:

- Wie leicht oder schwer fällt es mir zu visualisieren?
- Kann ich innere Bilder erzeugen, die über das mir Bekannte hinausgehen?
- Habe ich eine Lebensvision oder klare Ziele, und was beinhalten sie?

AFFIRMATION: Ich gestalte mein Leben mit der Kraft innerer Bilder.

2.5 Die Kraft des Wortes

Im Zeitalter der mobilen Kommunikation, in dem das gesprochene und geschriebene Wort millionenfach vervielfältigt, blitzschnell und wahllos in die Welt getragen wird, hat es an Wertschätzung und Bedeutung verloren. Dabei stehen die Worte, die wir in unserem Alltag und im Berufsleben täglich wählen, in ständiger Wechselwirkung mit unserem Denken, Fühlen und Handeln.

In ihrer Wirkungskraft beeinflussen sich Worte, Gedanken und Gefühle gegenseitig. Wie wir inzwischen wissen, können durch dieses Wechselspiel sogar Körperempfindungen hervorgerufen werden, wie verstärktes Herzklopfen oder feuchte Hände. Ein achtsamer Umgang mit der eigenen Ausdrucksweise kann dazu führen, dass sich eine Atmosphäre verbessert, dass in unsere zwischenmenschlichen Beziehungen mehr Harmonie und Frieden einkehren, oder mehr Klarheit und Ehrlichkeit. Durch eine bewusste Wortwahl und aktives Zuhören verändert sich auch unsere innere Einstellung.

Im täglichen Sprachgebrauch gibt es die unterschiedlichsten Ausdrucksformen, je nachdem von welcher emotionalen Qualität die Worte begleitet sind, wie zum Beispiel von unterschwelliger Aggression, die sich in spitzen Bemerkungen äußert. Wer missgestimmt ist, greift unbewusst schnell zu negativen oder gar destruktiven Formulierungen. Manche Aussprüche sind von Unsicherheit und Angst geprägt oder sie werden gänzlich unreflektiert benutzt, vor allem wenn wir uns angegriffen oder nicht wahrgenommen fühlen.

Die achtsame Verwendung deiner Sprache ist ein mächtiges Kommunikationsmittel, das du gezielt für den konstruktiven Austausch mit deinen Mitmenschen einsetzen kannst. Jedes Wort ist Ausdruck kraftvoller Gedanken und strebt danach, Realität zu werden. Mit der Formulierung nimmt der Gedanke Form an, jedes Wort wirkt und schafft Wirklichkeit. Willst du deine Kommunikation authentisch gestalten, ist es wichtig – über den Inhalt hinaus – auch stets die richtige Wortwahl zu treffen.

Die Kraft der Sprache hat für deine Kommunikation entscheidende Bedeutung. Gedanken und Worte lösen nicht nur Schwingungen aus, sie können auch vorhandene Schwingungen beeinflussen, dämpfen oder verfeinern. Ich erlebe im 1:1 Business Coaching häufig Situationen, in denen die Stimmung nahezu am Kippen ist und je nach Wortwahl gerettet oder gegen die Wand gefahren werden kann. Mit deiner Ausdrucksweise erzielst du bei deinem Gesprächspartner eine unterschiedliche Wirkung. Worte können aufbauen, Freude und Hoffnung auslösen oder genau das Gegenteil. Wer Sprachvarianten bewusst einsetzt, erlebt sofort spürbare Wirkungen, sowohl im Austausch mit anderen als auch bei sich selbst.

MERKSATZ: Sprachbewusstes Denken und Kommunizieren erfordert die grundsätzliche Bereitschaft zur achtsamen Selbstwahrnehmung.

Menschen mit einer klar gewählten Alltagssprache, die von Wertschätzung geprägt ist, denken, kommunizieren und handeln in voller Eigenverantwortung – zielführend und lösungsorientiert. Umgekehrt entwickelt sich mit einer bewussten Ausdrucksweise auch dein Denken in eine neue Richtung, denn die gezielte Sprachwahl wirkt sich nachhaltig auf deine Sichtweise und innere Haltung aus. Demnach kannst du gewohnte Denkmuster durch den Einsatz einer bewussten Wortwahl aktiv verwandeln. Gleichzeitig gehst du sicher, bei deinem Gegenüber einen positiven Resonanzraum zu erzeugen, vorausgesetzt deine Worte sind stimmig und du triffst den richtigen Ton.

Dein bewusster Umgang mit Worten

Die menschliche Sprache verbindet Laute und Schriftzeichen, aus mehreren Buchstaben entstehen Silben und Wörter, aus Wörtern ganze Sätze. Auch wenn es einfach klingt, so ist unsere Sprache doch sehr vielschichtig und eine Besonderheit des Menschen. Wir sind das einzige Geschöpf der Erde, das sich in Form dieses komplexen Systems verständigt. Mit seiner Hilfe können wir uns austauschen und Neues lernen.

Wie sehr achtest du auf deine Sprache? Welche Worte verwendest du? Worte, die Mut machen, die das Gute benennen? Oder Worte, die eine eher pessimistische Grundhaltung zum Ausdruck bringen?

Übung

Wenn du die Wirkungskraft deiner Sprache nachvollziehen und erleben willst, wählst du eines der hier angeführten Satzpaare und sprichst beide Sätze – einen nach dem anderen – konzentriert, laut und betont langsam aus. Wiederhole den Vorgang und spüre dabei die Wirkung. Höre dir selbst beim Sprechen zu. Was empfindest du dabei? Was lösen die jeweiligen Sätze bei dir aus? Mit welchem Satz fühlst du dich wohler?

- Mein Nachbar hat mich am Telefon abgewürgt.
- Mein Nachbar hat unser Telefongespräch einfach beendet.

- Ich habe ein Attentat auf dich vor!
- Ich bitte dich um deinen Rat, hast du Zeit für mich?
- Ich werde versuchen, das Problem zu lösen.
- Ich werde eine Lösung finden.

Worte haben eine enorme Wirkung. Ob gesprochen oder geschrieben – sie haben heilende, schützende und zerstörerische Kraft. Worte sind so stark, dass sie uns in höchstes Glück oder in tiefste Traurigkeit versetzen. Sie können uns zum Lachen oder Weinen bringen, uns aufrichten oder enttäuschen. Sie können uns den Tag versüßen oder seelischen Schmerz bereiten. Und sie können dafür sorgen, dass wir uns engagiert für andere einsetzen oder damit aufhören.

Wir müssen nur etwas sagen, das in unserem Gegenüber üble Erinnerungen hervorruft oder ihn an seinem schwächsten Punkt trifft. Ein unüberlegt ausgesprochener Satz wie »Aus dir wird ja doch nie etwas!« kann uns jahrelang verfolgen, vor allem wenn das Gesagte von uns Nahestehenden wie Eltern oder Freunden kommt und wir ihnen Glauben schenken. Dagegen kann der liebende Partner, der sein Vertrauen in uns setzt, das Beste in uns zum Erblühen bringen.

Die Verantwortung, achtsam mit der Kraft der Worte umzugehen, liegt bei uns selbst. Wir bestimmen, ob wir sie aussprechen, um damit den Menschen, der uns gegenübersteht, zu trösten, zu stärken und ihn aufzubauen, oder ob wir unsere Sprache auf destruktive Weise einsetzen, indem wir andere abwerten und verletzen. Eben weil uns Worte so stark beeinflussen, ist es wichtig, ihr Wirken nicht einfach dem Zufall zu überlassen, sondern Aussagen so sorgfältig zu formulieren, dass sie uns selbst und unseren Mitmenschen guttun und Kraft schenken. Aber wie können wir das in den Griff bekommen?

Das gesprochene Wort ist sehr eng mit unseren Gedanken verbunden. Jedem Wort geht ein Gedanke voraus, sonst wären wir nicht in der Lage, ihn zu formulieren. Ebenso bedingen sich Sprache und Bewusstsein gegenseitig, denn ohne Bewusstsein wäre unsere Sprachfähigkeit gar nicht erst vorhanden.

Wenn wir auf unseren inneren Dialog achten und immer öfter Worte der Freude, der Zuversicht und Großzügigkeit äußern, aktivieren wir die entsprechende Schwingung in unseren Zellen, was wiederum bewirkt, dass es uns leichter fällt, positiv zu denken, zu fühlen und zu handeln.

> **MERKSATZ:** Jedes Wort, das wir denken oder laut aussprechen, ganz gleich ob bewusst oder unbewusst, hat seine Wirkung.

In beeindruckenden Experimenten wurde nachgewiesen, dass die Struktur von Wasser auf Worte wie »Liebe« oder »Hass« sehr unterschiedlich reagiert und ihr kristallines Muster verändert. Das zeigt uns, wie mächtig Worte sind! Es liegt bei uns, die Kraft der Worte auf die beste Art und Weise zu nutzen, indem wir möglichst oft Gefühle von Empathie, Genuss oder Dankbarkeit zum Ausdruck bringen. Was wäre die Liebe ohne Sprache? Was ist schöner, als dem Menschen, den wir lieben, immer wieder von Neuem mitzuteilen, was wir für ihn empfinden und wie viel er uns bedeutet?

IMPULS FÜR DICH

Vielleicht gewöhnst du es dir einfach an, dich in möglichst vielen Situationen positiv auszudrücken, und du machst eine konstruktive Denk- und Ausdrucksweise zu deinem neuen Lebensstil. Sobald du dich bei negativen Gedanken oder Worten ertappst, ermahnst du dich mit einem »Stopp!« und formulierst das Ganze noch einmal neu. Wenn du dein Denken und deine Sprache möglichst oft auf das ausrichtest, was deinem Leben zuträglich ist, kannst du es in einem erheblichen Maß günstig beeinflussen.

Klangfarben und Farbtöne

Im Lauschen auf ein Klangerlebnis liegt eine besondere Kraft. Klänge schaffen Harmonie und Einklang mit unseren Wurzeln, den Mitmenschen und der Umwelt. Die Klänge unserer Lieder und Gesänge berühren uns an einer Stelle, die kein Wort erreicht – inbrünstig gesungen treffen sie mitten ins Herz. Hören ist eine Sinneserfahrung im Jetzt. Das bewusste Hören führt uns in ein neues Erleben, es beeinflusst unsere Stimmung und ermöglicht uns die Erfahrung des Einsseins. In der Welt des Hörbaren sind wir Teil von allem, verbunden durch den Klang der Welt.

IMPULS FÜR DICH

Welche Erfahrungen hast du mit Klängen gemacht? Hast du dir schon einmal die Zeit genommen, einer großbauchigen Klangschale bis zu Ende zuzuhören? Hier kannst du akustisch und genussvoll wahrnehmen, wie sich der Klang wel-

> lenförmig durch den Raum bewegt. Alles bewegt sich, alles schwingt. Energie schwingt. Auch unsere Gedanken und Gefühle schwingen. Jedes Stück Materie, das wir für fest und beständig halten, schwingt und ist in ständiger Bewegung. Wir leben in einem Universum aus Schwingung, das ist eine physikalische Tatsache.

Doch der Klang ist nicht nur reine Schwingung, der Klang ist die erste Manifestationsstufe der Schöpfung vom Geistigen in die Materie. »Im Anfang war das Wort, und das Wort war bei Gott, und Gott war das Wort. Und dann erst schuf er Licht und Finsternis, Himmel und Erde.« So heißt es im Johannes Evangelium. Im Klang liegt die schöpferische Wirkkraft, aus der diese Welt entstand. Die Beziehung von Klang, dem gesprochenen oder gesungenen Wort und dem menschlichen Bewusstsein wird bereits im Rigveda, der ältesten der vier vedischen Schriften Indiens, dargelegt. Das Wort *Nada*, Klang, ist dabei ebenso wichtig wie das Wort *Shiva*, der Schöpfer.

Jede sprachliche Verständigung geschieht durch Schwingungen, die sich in Form und Intensität unterscheiden. Auf der Schwingungsebene ist jeder Klang zugleich auch Farbe. Jedes Wort ist eine Zusammensetzung aus farbigem Licht und diese Lichtkraft wird wirksam durch den Klang. So entstehen Formulierungen, die das Wechselspiel von Klangfarben und Farbtönen zum Ausdruck bringen, zum Beispiel: »In welcher Färbung hat der Komponist sein Werk verstanden?« oder »Ist das Instrument auch in der richtigen Farbe gestimmt?« Jedes Wort hat demnach seine Leuchtkraft und setzt Energien frei. Es kann mächtige Schwingungen aufbauen und es kann heilen, schützen oder auch zerstören.

Die Magie von Wort und Klang

Auf den Spuren der Wirkkraft von Wort und Klang tauchen wir für Momente in die indische Geistesgeschichte ein und werfen einen Blick auf die heiligen Veden. Im Zentrum der Schriften standen Hymnen an die Götter, die von Opferpriestern beim Ritual mit großer Konzentration rezitiert wurden. Im exakten Versmaß und Rhythmus begleiteten die Opfergesänge heilige Handlungen in ständiger Wiederholung. Über diesen Weg riefen die Priester des alten Indiens die Dinge ins Leben und manifestierten sie. Der Wortklang, bereits eine einzige Silbe, besitzt formgebende, gestaltende, schöpferische Kraft. Was aber verleiht dem Zauberwort seine Wirkung?

MERKSATZ: Werden Worte wiederholt und in harmonischer Weise gesprochen oder gesungen, erzeugen sie Schwingungen und erschaffen Wirklichkeit.

So steht es in den Veden und später in den klassischen Upanishaden des Hinduismus. Die Silbe OM gilt im hinduistischen Kontext als das größte Mantra, durch die Yoga- und Meditationsbewegung in Europa ein uns wohl bekannter Begriff. In den Upanishaden steht geschrieben, dass die Silbe OM die ganze Welt ist: die Vergangenheit, die Gegenwart, die Zukunft – alles ist nur das eine Wort OM. Mantras im klassischen Sinn sind Kräfte in Klangform, sie bestehen aus Vokalen, Keimsilben, Worten oder formelhaften Wortfolgen. Auch hier liegt die Magie in der hochkonzentrierten, wiederholten Rezitation in Versmaß und Rhythmus. Gedacht, geflüstert, gesprochen oder hingebungsvoll gesungen erzeugen sie Schwingungen, die sich in unserem Körper als Vibrationen wahrnehmen lassen. Mit zunehmender Beteiligung des Herzens und der Inbrunst werden sie immer stärker spürbar.

Wie du Zeitlosigkeit im Hier und Jetzt erfährst

Mantras, Lieder und Gesänge schaffen das, was oft nur in der konzentrierten Meditationspraxis gelingt: die Aufhebung der Zeit. Sie ermöglichen uns, mit dem Körper, den Gefühlen und dem Verstand ganz in der Gegenwart zu sein – uns weder in der Vergangenheit noch in der Zukunft zu verlieren. Musik und Klang wirken beruhigend, der Atem fließt freier, das Herz schlägt langsamer und der Blutdruck sinkt. Bewusstes Summen, Tönen oder Singen weckt das Zusammenspiel von Körper, Geist und Seele. Es bewirkt das Loslassen vom Alltag und ist ein Weg, der nach innen führt, zu uns selbst.

> **MERKSATZ:** Alles, was wir brauchen, ist tief in uns verborgen und wartet darauf, sich zu entfalten und entdeckt zu werden.

WAS DU DABEI GEWINNST: Du musst dir nur die Zeit nehmen und nach dem suchen, was du in dir trägst, dann findest du es auch. Deine Stimme und der Klang, den sie erzeugt, bietet wunderbare Möglichkeiten, um Selbstheilungskräfte in dir zu wecken. Indem du deine inneren Kraftquellen aktivierst, stärkst du auch dein Immunsystem, hältst deine Gesundheit aufrecht und sorgst für mehr Vitalität und eine gesteigerte Lebensfreude. Alle Lebewesen sind schwingende Systeme. Jeder Mensch verfügt über eigene Schwingungsmuster. Wenn du aus der Balance gerätst, kannst du durch die heilsamen Schwingungen von Mantras, Liedern und Gesängen dein Gleichgewicht wiederherstellen. Mit dem Erzeugen der Klänge und dem Fühlen der sanften Vibrationen, die beim Singen wahrnehmbar sind, richtet sich deine Aufmerksamkeit von außen nach innen – du kommst zur Ruhe und öffnest einen weiten Raum, aus dem heraus das Unerwartete geschehen kann. Du verschmilzt mit dem Augenblick, erlebst ein wohltuendes Gefühl von Einheit und tankst Energie.

Kraftformeln im Alltag

Du kannst die Kraft von Wort und Klang tagtäglich auf zweierlei Weise nutzen. Zum einen als »Instrument der Einswerdung«, wie etwa bei der Vokalatmung und dem Tönen einzelner Wortsilben, um deinem unentwegten Gedankenstrom Einhalt zu gebieten und mit all deinen Sinnen im jetzigen Augenblick aufzugehen. Zum anderen in Form einer Kraftformel, deinem persönlichen Mantra, dessen Aussage auf deine aktuellen Bedürfnisse zugeschnitten ist.

IMPULS FÜR DICH

Ein Mantra muss weder heiligen noch rituellen Charakter haben, sondern es wirkt in Klangform, unparteiisch, völlig neutral und auf jeden Zweck übertragbar – ein »Werkzeug des Geistes«, das du in Form positiver Unterstützungssätze gezielt einsetzen kannst, um dein Leben bewusst und nach deinem Wunsch zu gestalten. Wie du bereits weißt, liegt die schöpferische Wirkkraft des Mantras – neben der sinnhaften Bedeutung der rezitierten Worte und der geistigen Konzentration, die du dabei aufbringst, – im Resonanzraum, den sein wiederholter Klang erzeugt. Nach dem Gesetz der Anziehung lässt sich die Wirkung des Mantras noch weiter steigern, wenn du mit Hingabe und der Kraft deines Herzens ans Werk gehst. Im nun folgenden Abschnitt stelle ich dir drei Wege vor, wie du deine eigene, hochwirksame Kraftformel entwickeln und regelmäßig anwenden kannst.

Die Kraft des Wortes – Übungsteil

Jeder gesunde Mensch erschafft und gestaltet die eigene Lebenswirklichkeit durch sein Denken, Sprechen und Handeln. Worte haben einen starken, transformativen Einfluss, wenn man sie mit der Absicht spricht, entweder Heilung, eine Veränderung zum Guten oder persönliche Weiterentwicklung zu erlangen. Wer sich auf das Abenteuer von Stimme und Klang einlässt, wer die Kraft der Worte im Alltag zur Entfaltung bringt, der darf kleine und große Wunder für sein Leben und sein inneres Wachstum erwarten. Denn dafür sind Mantras, Affirmationen und Autosuggestionen gemacht.

IMPULS FÜR DICH

Wiederhole deine Kraftsätze täglich und nehme wahr, wie sich die Dinge verändern. Wenn du sie regelmäßig mit großer Intensität und Entschlossenheit sprichst, um eine Verbesserung einzuleiten, kann sich deine Lebenssituation nachhaltig wandeln. Nach einiger Zeit wirst du mehr Leichtigkeit und Unbeschwertheit feststellen, mehr Lebensfreude und Vitalität, mehr Inspiration und Ideen zur Lösung deines Problems. Wofür auch immer du deine Kraftsätze formulierst, sie haben das Potenzial, dich aus einer festgefahrenen Situation zu befreien. Das erfordert die Bereitschaft, deine negativen Überzeugungen aufzugeben, damit sich ein neuer Weg offenbaren kann.

Hinweis: Möglicherweise tritt die erwünschte Wirkung nicht sofort ein, dann gibt es einen Grund dafür. Sei nachsichtig mit dir, alles darf sein. Vielleicht liegt dir die Methode nicht wirklich, oder du wartest zu sehr auf erste Anzeichen von Veränderung in deinem Leben und setzt dich damit selbst unter Druck. Es kann auch sein, dass dein Unterbewusstsein noch nicht bereit für das Neue ist und dafür sorgt, die aktuelle Situation aufrechtzuerhalten. Die meisten unserer Angewohnheiten erfüllen einen Zweck, selbst wenn wir sie vielleicht als störend oder unnütz empfinden. Was verbindest du mit dem bevorstehenden Wandel? Welche Vorteile bringt er dir? Und worauf glaubst du, verzichten zu müssen? Vertraue dem Prozess und fahre mit deinen Übungen fort, indem du die folgenden Sätze miteinbeziehst: »Mein aktives Üben bringt mich meinem Ziel näher und näher. Ich lasse das Ergebnis los. Alles entwickelt sich zu meinem Besten.«

Größere Veränderungen brauchen mehrere Wochen oder länger, um sich voll entfalten zu können. Es kann jedoch auch passieren, dass sich trotz konsequenten Übens keine spürbaren Erfolge einstellen. Wenn selbst nach anhaltenden Versuchen keine Verbesserung eintritt, hast du vermutlich ein tief liegendes Interesse daran, dass in deinem Leben alles so bleibt, wie es ist. Vielleicht gewährt dir der bisherige Zustand ein Gefühl der Sicherheit oder er verschafft dir eine unbewusste Belohnung, die du nicht aufgeben willst. Es macht keinen Sinn, gegen innere Widerstände mit Disziplin und Härte anzukämpfen. Gehe vielmehr behutsam mit dir um, mit deinen Zweifeln, Bedürfnissen und Ängsten. Möglicherweise ist es an der Zeit, dich in professionelle Hände zu begeben und mit einem einfühlsamen Coach oder fachkundigen Therapeuten an deinem Thema zu arbeiten. Mit geeigneten Methoden wie Hypnose, Kinesiologie oder Quantenfeld Transformation und viel liebevoller Zuwendung kannst du negative Glaubenssätze loslassen und dich von ihnen befreien.

Mit den hier vorgestellten Übungen kannst du deine

- Alltagssprache fokussieren.
- Gedankenspiralen durchbrechen.
- Verhaltensweisen ändern.
- Einstellung optimieren.
- Motivation steigern.
- Ausstrahlung verbessern.
- Lebenswirklichkeit gestalten.
- Wünsche erfüllen.
- Ziele erreichen

Drei Wege zu deiner persönlichen Kraftformel

Eine Kraftformel verstärkt die Wirkung einzelner Affirmationen oder Autosuggestionen. Die ständigen Wiederholungen der Botschaften tragen unter anderem dazu bei, dass sich die anvisierten Ziele und veränderten Zustände in deinem Unterbewusstsein verankern. Schließlich werden sie Teil deines Denkens, Fühlens und Handelns. Sobald daraus eine neue Überzeugung entsteht, ist der Grundstein für einen positiven Wandel in deinem Leben gelegt.

IMPULS FÜR DICH

Die Methode der Selbstbeeinflussung ist immer damit verbunden, im Alltag aktiv zu werden und dich für das Erreichen deiner Ziele einzusetzen. Wenn du die Worte nur vor dir hersagst, ohne täglich ins Handeln zu kommen, wird es dir außer Frust über den ausbleibenden Erfolg nichts bringen. Angenommen, einer deiner Kraftsätze lautet: »Ich kann lernen, gut Fußball zu spielen«, dann solltest du auch regelmäßig trainieren, bis du stolz sagen kannst: »Ich spiele sehr gut Fußball«.

Folge deiner Intuition und wähle für deine Kraftformel nur Sätze aus, die dich überzeugen und dir spürbar guttun. Damit du die Wirkung eindeutig zuordnen kannst, solltest du den Wortlaut während der Übungsphase nicht verändern. Am besten schreibst oder malst du die Sätze auf ein Blatt Papier, machst Kopien davon und verteilst sie zur Erinnerung in deiner Wohnung: unter dem Kopfkissen, am Badezimmerspiegel oder auf deinem Schreitisch – Hauptsache es handelt sich um Plätze, wo du dich regelmäßig aufhältst. Du kannst auch eine Tonaufnahme deiner Suggestionen machen, die du dir zum Einschlafen anhörst, denn während dieser Zeit ist dein Unterbewusstsein empfänglicher als untertags. Besonders gute Resultate erzielst du, wenn du dich vor dem Üben geistig entspannst.

MERKSATZ: Der Schlüssel zum Erfolg liegt in der Regelmäßigkeit.

Aktuelle Studien zeigen, dass es bis zu 66 Tage dauert, bis das Gehirn neu konditioniert ist. Für die erfolgreiche Arbeit mit deiner Kraftformel ist entscheidend, dass du jeden Satz täglich zehnmal wiederholst, indem du ihn konzentriert und kraftvoll aussprichst, und das konsequent über einen Zeitraum von etwa zwei Monaten.

Noch besser ist es, am Morgen und in den Abendstunden vor dem Spiegel zu üben und dir dabei selbst in die Augen zu blicken. Wenn du beim Sprechen durch sanftes Klopfen auf dein Brustbein die Thymusdrüse aktivierst, verstärkst du die Wirkung. Oder du überlässt dich dem Rhythmus der Worte und gibst so viel Energie wie möglich hinein. Spiele mit deiner Stimme, bis sie sich klangvoll anhört und deinen Brustkorb zum Vibrieren bringt. Deine Botschaften lassen sich auch mit Körperbewegungen oder Gesten unterstützen. Experimentiere einfach ein wenig, um herauszufinden, welche Methode sich am besten für dich eignet.

Übung 1: 13 goldene Autosuggestionen

Meinungen anderer Menschen über uns, die wir immer und immer wieder hören, brennen sich in unser Wertesystem ein. Wir übernehmen sie nur allzu gern als wahre Aussagen und beginnen unbewusst, an sie zu glauben. Das geschieht auch mit Botschaften, die wir an uns selbst richten. Oft reden wir uns ein, etwas nicht erreichen zu können, weil wir nicht gut genug darin sind. So verwehren wir uns die Aussicht auf Erfolg und es stellt sich ein unerfreuliches Ergebnis ein.

Mit derselben Zielsicherheit kannst du dir positive Botschaften senden und dich mental auf einen erwünschten Zustand programmieren. Du kannst die Kraft deines Unterbewusstseins nutzen, um deine Einstellung, deine Ausstrahlung und dein Verhalten in eine gute Richtung zu lenken. Autosuggestionen sind in jedem Lebensbereich anwendbar und ein Weg, um das zu bekommen, was du willst, – doch die gewünschten Erfolge kannst du erst dann feiern, wenn deine positive Selbstbeeinflussung zur festen Überzeugung geworden ist. Um dein Gehirn entsprechend zu konditionieren, musst du die Worte täglich wiederholen, bis sie zum festen Bestandteil deines unbewussten Denkprozesses geworden sind. Wähle drei, fünf oder sieben der goldenen Autosuggestionen und bilde daraus deine persönliche Kraftformel:

- Ich glaube an mich, ich vertraue mir.
- Ich kenne meinen Wert, ich bin mir meiner selbst bewusst.

- Ich liebe mich vollkommen und bedingungslos, so wie ich bin.
- Ich habe Kraft und Lebensenergie.
- Ich bin gut, ich schaffe es.
- Ich gebe mein Bestes.
- Ich vertraue und lasse los.
- Ich lebe stets in Überfluss und Fülle.
- Ich habe Zeit für mich und mein Wachstum.
- Ich bin erfolgreich und glücklich.
- Ich bin begeistert und voller Freude.
- Ich bin dankbar und zufrieden.
- Ich verdiene es, dass all meine Wünsche in Erfüllung gehen.

Übung 2: Glaubenssätze in positive Affirmationen verwandeln

Positive Gedanken und Worte haben eine weitreichende Wirkung auf deine Befindlichkeit, deine innere Haltung und dein Verhalten. Du kannst die Gegebenheiten deines Lebens auf konstruktive Weise benennen, ohne dabei die Realität zu verleugnen, dir die Welt schönzureden oder sie gar zu verdrängen. Es geht auch nicht um einen erzwungenen oder aufgesetzten Optimismus, sondern darum, die Sprache, in der du denkst, bewusst zu reflektieren, und somit auch die Worte, die du nach außen trägst, um mit anderen zu kommunizieren.

Am besten legst du eine Liste an, auf der du eine Zeitlang deinen inneren Dialog festhältst, vor allem die Urteile und Bewertungen, die negativen Glaubenssätze und Überzeugungen, die dir von Zeit zu Zeit durch den Kopf gehen. Du wirst staunen, wie schnell sich deine Liste füllt. Im nächsten Schritt verwandelst du diese Aussagen in ihr Gegenteil. So entsteht ein Satz, der deiner positiven Selbstbekräftigung dient und negative Stimmen zum Schweigen bringt.

Mit Affirmationen kannst du destruktive Selbstkonzepte und innere Dialoge neutralisieren. Wenn du wieder und wieder selbstbejahende Sätze denkst, sie laut und kraftvoll aussprichst oder sogar in ihrem Rhythmus aufgehst, bewirkst du damit eine Umprogrammierung deiner Gedanken. Auch deine Gefühle und dein Verhalten verändern sich nachhaltig und machen deinen Erfolg wahrscheinlicher.

Worte beinhalten grundsätzlich immer, dass eine Information, ein Sinn, eine Bedeutung kommuniziert wird. Worauf musst du nun achten, wenn du eine motivierende Affirmation für dich formulieren willst? Was ist dabei wichtig? Die Änderung des Wortlautes sollte in deiner eigenen Sprache geschehen, und zwar in der Weise, dass dir der Satz möglichst leicht über die Lippen geht. Wichtig dabei ist, dass du deinen Unterstützungssatz sorgfältig formulierst – das heißt, ohne Verneinung, in der Gegenwart und klar auf den Punkt gebracht. Es geht nicht darum, schöne Worte zu finden, sondern darum, dass sie bewusst gewählt und aussagekräftig sind und dass sie eine große Bedeutung für dich haben. Wähle drei, fünf oder sieben deiner positiven Affirmationen und bilde daraus deine persönliche Kraftformel.

Negativer Glaubenssatz	Positive Affirmation
Ich komme immer zu kurz.	Es ist genug für alle da.
Keiner hat mich lieb.	Ich bin liebenswert und werde geliebt.
Ich habe sowieso kein Glück.	Das Glück begleitet mich jeden Tag.
Das kann ich mir nicht leisten.	Das gönne ich mir und genieße es.
Alles muss ich allein machen.	Ich bekomme Hilfe und Unterstützung.

Übung 3: Wünsche als Kraftsätze formulieren

Im Kapitel »Tatkraft« haben wir uns mit der Frage beschäftigt, wie aus einem Wunsch eine klare Zielformulierung wird. Ergänzend kannst du dazu Kraftsätze bilden, die dich auf dem Weg zum Ziel mental unterstützen. Ob du nun die Umstände deines Lebens oder dich selbst verändern willst – sobald du weißt, wohin die Reise geht, kannst du den Prozess mit aussagekräftigen Autosuggestionen begleiten. Dabei spielt die Wahl deiner Worte eine große Rolle, aber auch dein gutes Bauchgefühl.

Dein Wunschziel sollte machbar sein, in deinem Wirkungskreis liegen und dich wachsen lassen, ohne dass dich unrealistische Vorstellungen zu Boden drücken. Damit die Botschaft an dein Unterbewusstsein klar auf dein Ziel gerichtet ist, darf dein Kraftsatz nur den Endzustand beschreiben, den du erreichen möchtest, und nicht, was du in deinem Leben beenden oder vermeiden willst. Finde eindeutige Sätze, die dich motivieren, und überprüfe die Wirkung genau. Fühlt es sich stimmig an, wenn du deine Zielformulierung laut und deutlich aussprichst? Vielleicht entsteht ein positives Bild, das dir Energie schenkt? Oder du spürst ein Kribbeln im Bauch wie aus Vorfreude, dein Ziel bereits erreicht zu haben.

Angenommen, du willst etwas für dein Wohlbefinden tun und jeden Tag eine halbe Stunde Trampolin springen, kannst dich aber nicht dazu aufraffen, dann wären folgende Autosuggestionen hilfreich:

- »Morgens Trampolin springen tut mir rundum gut.«
- »Meine Lust auf Trampolinspringen wird jeden Tag größer und größer.«
- »Ich springe jeden Morgen eine halbe Stunde Trampolin und fühle mich wunderbar dabei.«

Letztlich kannst du jeden Wunsch als positiven Kraftsatz formulieren und dich mit Hilfe deiner persönlichen »Magischen Formel« auf einen erfreulichen Tag einstimmen. Die Voraussetzung dafür ist, dass du die sprachlichen Regeln beachtest, die deine Worte wirksam machen.

Oder du bereitest dich gezielt auf eine herausfordernde Lebenssituation vor, wie zum Beispiel auf eine Prüfung, ein wichtiges Vorstellungsgespräch, eine Verhandlung oder Bühnenpräsentation. Auch wenn eine entscheidende Aussprache mit deinem Partner geplant ist oder eine schwierige Auseinandersetzung mit deinen Eltern, bietet es sich an, mit Kraftformeln zu arbeiten – vorausgesetzt, du hast genügend zeitlichen Vorlauf.

Bei nicht messbaren Zielsetzungen wie »Ich trete selbstbewusst auf« kommst du am besten voran, wenn du das angestrebte Ergebnis weiter hinterfragst. Woran ist erkennbar, dass du in der bevorstehenden Situation selbstbewusst bist, wie wirkt sich das konkret aus? Ergänzende Autosuggestionen wären zum Beispiel: »Ich vertrete selbstsicher meine Meinung«, »Ich spreche mit fester Stimme« oder »Ich kenne den Wert meiner Arbeit und stehe zu meinem Preis«. Stelle dir vor, du befindest dich im Bewerbungsgespräch deines Lebens und bringst alles Notwendige mit, um diesen Job sicher zu erhalten. Welche Kraftsätze machen dich innerlich groß und stark genug, um die Situation erfolgreich zu bestehen?

Übungsteil für Fortgeschrittene: Fünf natürliche Kräfte verbinden

Rituale als Kraftspender im Alltag

Rituale bereichern unser Leben. Sie binden uns in den Jahreskreis ein, helfen dabei, Krisen zu bewältigen und uns in schwierigen Zeiten auf uns selbst zu besinnen. Wenn wir trauern oder schmerzhafte Erfahrungen durchleben, kann ein tröstendes Gebet, ein Gesang, ein Blumenkranz oder das Anzünden einer Kerze sehr heilsam sein. Welche Rituale kennst du aus deiner Kindheit? Welche hast du besonders geliebt? Und wovon hast du dich gern wieder verabschiedet?

Rituale geben Struktur und sorgen für Geborgenheit. Sie vermitteln seelische Sicherheit durch vorhersehbare, sich wiederholende Handlungsmuster, wie und wann etwas zu tun ist. Stellen wir jeden Tag eine Blume auf den Tisch, ohne uns viel dabei zu denken, sprechen wir von einer Gewohnheit. Wird die Blume jedoch zum feierlichen Symbol der Verehrung eines geliebten Menschen, wird die tägliche Geste zum Ritual.

> **MERKSATZ:** Rituale als Zeitfenster der Achtsamkeit eignen sich hervorragend, um unsere »innere Kompetenz« zu entfalten.

Sie mahnen uns innezuhalten, zur Ruhe zu kommen und zeremonielle Abläufe oder Übungen im Hier und Jetzt bewusst zu vollziehen. Sie helfen dabei, immer wieder aus unserem Alltag herauszutreten und ihn gut zu bewältigen.

Ein liebevolles, mit Sinnhaftigkeit aufgeladenes Ritual ist Ausdruck unserer Selbstwertschätzung und bildet einen stabilen Anker im oftmals hektischen Tagesablauf. Es schenkt uns Halt und stärkt die emotionale Verbundenheit mit uns selbst. Jedes Ritual hat einen Anfang und ein Ende. Sein Ablauf ist uns vertraut, und weil es nach bekannten Regeln verläuft, können wir uns im geschützten Rahmen entspannen, ausbreiten und innerlich erblühen.

Übung 4: Ritual zur Aktivierung der Schöpferkraft

Gestalte dein eigenes Ritual und schaffe mit einfachen Mitteln einen »heiligen« Raum. Verwende dafür ein edles Tuch, das dir gefällt, Kerzen und frische Blumen oder Kräuter deiner Wahl. Alles, was deinen Sinnen guttut, ist erlaubt: ein Duft, ein Klang, ein Kraftsymbol, ein Heilstein oder ein persönlicher »Schatz« aus der Natur. Eröffne dein Ritual und zünde eine Kerze an.

Deine Sinne richten sich nach innen. Dein Atem geht ruhig und tief. Genieße, dass du atmest. Alles in dir sammelt sich in Freude auf das kommende Ereignis. Lausche mit deinen inneren Ohren. Sieh mit deinen inneren Augen. Fühle mit deinem

Herzen und lasse vom Grund deines Seins eine Melodie erklingen. Vielleicht hast du Lust zu summen, vielleicht ertönt ein Gesang aus der Tiefe deiner Seele. Singe deine »Magische Formel« voller Inbrunst und Freude. Gib dich dem Singen hin und genieße die Vibration in deinem Körper. Alle Sinnesempfindungen sind beteiligt.

Lasse die Bilder deines Wunschzustandes entstehen, während deine Stimme erklingt. So erhebend fühlt es sich an, dein Ziel erreicht zu haben, so erfüllend. Etwas Neues bahnt sich an. Du bist bereit und kannst sehen, wohin dein Weg dich führt. Du kannst es fühlen, im Herzen, im Körper und du atmest tief. Ein freudiges »Ja« erfasst all deine Zellen. Neue Möglichkeiten, neue Chancen, neue Aufgaben warten auf dich. Atme diese frische Luft ein, hinein in all deine Bilder, und atme die Liebe aus, die durch dich in die ganze Welt strömen will.

Deine Entscheidung ist klar. Du fühlst es in deinem Herzen und antwortest mit tiefer Dankbarkeit. Leichtigkeit ergreift dich, eine herrliche Freude und ein Strom von Liebe, einfach so. Nun verabschiedest du alles, was du zurücklassen möchtest, und übergibst es dem Fluss des Lebens. Nimm wahr, wie es davonfließt, in Demut vor den Erfahrungen der letzten Monate und Jahre, vor all dem, was du lernen durftest. Ein Strahlen durchdringt dich, ein freudiges Erwachen. Die Erfüllung deiner Wünsche leuchtet für dich und du weißt, du bist beschützt und versorgt, du bist genährt und wirst getragen. Bewahre dieses Gefühl von Freude und Gewissheit, von Geborgenheit und Dankbarkeit.

Drei Fragen zur Selbstreflexion

- Wie viel Zeit verbringe ich damit, anderen von meinen Absichten und Plänen zu erzählen, und wie regelmäßig verstärke ich meine Zielsetzungen durch positive Affirmationen, geistige Bilder und Gefühle?
- Wie häufig befasse ich mich in Gedanken mit Notstand, Mangel oder Unerwünschtem, das ich nicht mehr will, und wie oft richte ich meinen mentalen Fokus auf die tatsächlich ersehnten Wünsche und Träume?
- Bin ich bereit, durch tägliches Üben an einem steten Werdungsprozess zu arbeiten und mithilfe bewusster Selbstwahrnehmung meine »Innere Kompetenz« zu stärken, oder erwarte ich schnelle Resultate ohne echten Einsatz?

AFFIRMATION: Mit meinen Gedanken, Worten und Taten erschaffe ich meine Lebenswirklichkeit.

Die Kunst der Manifestation in sieben Schritten

1. Die Kraft deiner Gedanken
Positiv denken ist gut – mit Konzentration gepaart können Gedanken schöpferische Wirksamkeit entfalten. Jedoch ist das magnetische Feld, das deinen Verstand umgibt, vergleichsweise schwach. Gegen deine unbewussten Überzeugungen und Glaubenssätze kommt der Verstand nur bedingt an.

2. Die Kraft deines Wortes
Worte erzeugen einen größeren Resonanzraum als Gedanken. Wenn du deine Wünsche klar und positiv formulierst und sie regelmäßig laut aus-

sprichst, wirkt das gesprochene oder gesungene Wort schöpferisch durch seinen Klang und die Schwingungsfrequenz, die es im Raum erzeugt.

3. **Die Kraft deiner Imagination**
Noch stärker entfaltet sich der Manifestationsprozess, wenn du beim kraftvollen Sprechen der Autosuggestionen deine Vorstellungskraft miteinbeziehst, dein Wunschziel mit klaren, leuchtenden Farben ausschmückst und deine Vision unter Einsatz aller fünf Sinnesempfindungen lebendig und erlebbar machst.

4. **Die Kraft deines Herzens**
Da das elektromagnetische Feld deines Herzens um ein Vielfaches größer als das deines Verstandes ist, erzeugst du einen gewaltigen Resonanzraum, wenn du deine Vorstellungskraft mit der Kraft deines Herzens verbindest. Mit deiner Hingabe und Emotionalität kannst du tief verankerte Glaubenssätze »knacken«, denn beide sind an deine Gefühlswelt gebunden und schwingen auf der gleichen Frequenz.

5. **Intention und Loslassen**
Dient deine Absicht dem Wohl der Menschheit und fällt sie auf den fruchtbaren Boden der Neutralität und des Loslassens, entwickelt sie eine grenzenlos wirksame Kraft. Die Kunst liegt darin, deinen Fokus gezielt auf dem »Was soll es werden?« zu halten und zugleich vertrauensvollen, inneren Abstand zum »Wie soll das nur gehen?« zu gewinnen, indem du den gegenwärtigen Augenblick gelassen genießt.

6. Gewissheit und Dankbarkeit

Vertrauen ist auch die Basis deiner Gewissheit, vom Leben alles zu bekommen, was du dir wünschst – und zwar auf unbekannten Wegen, durch unerwartete Ereignisse, und zu unbestimmter Zeit. Tiefster Ausdruck deines Vertrauens ist die freudvolle Dankbarkeit »im Voraus«, im vollen Glauben an den Prozess der Schöpfung. Weil deine Dankbarkeit an Gewissheit, Vertrauen und Fülle gebunden ist, ist sie kraftvoller als deine Bitten.

7. Die Lücke zwischen den Gedanken

Der Zustand des Nichtdenkens ist der Katalysator schlechthin. Du kannst Zwischenräume nutzen und zur bewussten Lebensgestaltung einsetzen, wenn du zum Beispiel lernst, den Raum zwischen deinen Gedanken zu weiten und ihm mehr Aufmerksamkeit zu schenken. Dasselbe gilt für deine Atempausen, besonders für die Pause nach der Ausatmung. Dieser Raum der Stille und Leere im Innern stellt die Verbindung zu deinem Selbst und zur Quelle allen Seins dar. Von hier aus hast du unmittelbaren Zugang zum Quantenfeld – es wird auch das »Feld aller Möglichkeiten« genannt. Das Wissen um die große Kraft der Absichtslosigkeit und dein Glaube an die Geschenke des Lebens führen dein Manifestationsvermögen zur Meisterschaft.

Auch du bist ein Schöpfer!
Du kannst das Leben führen, das du dir von Herzen wünschst. Jede Idee, sei sie am Anfang noch so schwach, kann sich mithilfe deiner gezielten mentalen Ausrichtung zu kräftigem Leben entwickeln. Durch die stete Wiederholung werden deine Gedanken, Gefühle, Worte und inneren Bilder wirksam und du kannst mit deiner Vorstellungskraft dein Leben formen, gestalten, bestimmen und Schwierigkeiten in deinem Alltag meistern. Ganz gleich, wo du heute stehst – du kannst die Richtung ändern und Schritt für Schritt das verwirklichen, was du tief in deinem Inneren willst.

Jeder Mensch kann seine Schöpferkraft entfalten, auch du! Es ist wie eine Fremdsprache, der eine tut sich damit ein wenig schwerer, dem anderen fällt es ganz leicht. Zunächst geht es darum, die zugrundeliegenden Gesetzmäßigkeiten des KRAFT-Prinzips und deiner natürlichen Kräfte zu verstehen, dann geht es an die praktische Umsetzung, was bedeutet: üben und tun, üben und tun.

Für deinen Erfolgsweg von A nach B wünsche ich dir viel Mut, Freude und gutes Gelingen – eine Reise mit Überraschungen und Hindernissen, vielleicht durch unwegsames Gelände, doch bestimmt auch mit herrlichen Aussichtspunkten, um dich zu stärken und zu erfrischen. Was auch immer geschieht, bleib neugierig und offen. Genieße jeden einzelnen Schritt auf deinem Weg und vergiss nicht zu atmen!

Dank

Es macht mich glücklich, dass ich vielen Menschen danken kann – fürs Mutmachen und für das große Geschenk der Unterstützung. Sie haben wesentlich zur Entstehung dieses Buches beigetragen und mir die Kraft gegeben durchzuhalten. Ohne sie hätte ich es nicht geschafft.

Mein Dank gilt Hermann Scherer, denn er hat mir vor Augen geführt, wie bedeutend die Veröffentlichung eines Sachbuches für den eigenen Expertenstatus ist. Ich danke meiner geschätzten Kollegin Ulrike Luckmann für die Entwicklung des Buchkonzepts und dem Verlagschef Elmar Weixlbaumer, der von meinem Exposé auf Anhieb überzeugt war.

Schreiben ist eine einsame Tätigkeit. Niemand schöpft allein aus sich selbst, schon gar nicht zwischen Fulltimejob und den Herausforderungen der Coronakrise. Erfahrenes, Erlerntes, Gelesenes, Gehörtes und Gesehenes fließen in das Werk mit ein. So ist auch dieses Buch ein Projekt der Gemeinsamkeit.

Ich danke dem Goldegg Verlag, meiner Lektorin Ulrike Moshammer und Ansprechpartnerin Anna Sulik für die freundliche Begleitung. Ich danke meinem Vater und Hermine für alle Anregungen und Ideen. Ich danke meiner lieben Freundin Rashida fürs Lesen und sorgfältige Lektorieren des Manuskripts.

Mein besonderer Dank gilt meiner Jugendfreundin Hanna für ihre inspirierende Neugier, für unser kreatives Lachen, Grübeln und Feilen. Wir alle reiben uns aneinander, formen und beflügeln uns gegenseitig. Es war eine freudvolle Erfahrung für mich, ihr anhaltendes Interesse zu erleben, ihren wachen Geist und Humor!

Aus tiefstem Herzen aber danke ich Andreas, meinem wundervollen Mann und ehrlichen Kritiker, für unser erfülltes Leben voller Wärme und Liebe.

Literatur

Avalon Arthur: Die Schlangenkraft, O.W. Barth Verlag, 1971
Betz Robert: Willkommen im Reich der Fülle, Heyne-Verlag, 2015
Berendt Joachim Ernst: Nada Brahma – die Welt ist Klang, Insel Verlag, 1983
Braden Gregg: Im Einklang mit der göttlichen Matrix, KOHA-Verlag, 2007
Chopra Deepak: Die sieben geistigen Gesetze des Erfolgs, Heyne-Verlag, 1994
Eliade Mircea: Yoga – Unsterblichkeit und Freiheit, Suhrkamp Verlag, 1985
Estés Clarissa Pinkola, Die Wolfsfrau, Heyne Verlag, 1992
Franckh Pierre: Das Gesetz der Resonanz, KOHA-Verlag, 2010
Hart William: The Art of Living, Vipassana Research Institute, 2001
Hüther Gerald: Bedienungsanleitung für ein menschliches Gehirn, V & R Verlag, 2010
Melchizedek Drunvalo: Die Blume des Lebens, KOHA-Verlag, 2000
Tolle Eckhardt: Jetzt! – Die Kraft der Gegenwart, J. Kamphausen Verlag, 2003
Van Lysebeth André: Die große Kraft des Atems, O.W. Barth Verlag, 1971
Walsch Neal Donald: Gespräche mit Gott, Goldmann Verlag, 1996

Anmerkungen

1 Frankl Victor E.: Trotzdem Ja zum Leben sagen, Penguin Verlag, 1977
2 Jung C. G.: Der Mensch und seine Symbole, Walter-Verlag, 1999
3 Kant Immanuel: Denken mit Immanuel Kant, Diogenes Verlag, 2005

CLAUDIA SCHULTE
Wege mit K.R.A.F.T.

DIE MASTERCLASS ZUM BUCH

Wer Zugang zu seiner inneren Kraft hat, kann alles erreichen!

claudia-schulte.com/kraft-prinzip